中华武术典籍珍藏

民国武术文献选刊

第二辑　第七卷

崔虎刚　收集整理

北京体育大学出版社

责任编辑： 井亚琼
责任校对： 刘艺璇
版式设计： 高文函

图书在版编目（CIP）数据

民国武术文献选刊. 第二辑. 第七卷 / 崔虎刚收集整理. -- 北京 : 北京体育大学出版社, 2024.1
（中华武术典籍珍藏）
ISBN 978-7-5644-4012-1

Ⅰ. ①民… Ⅱ. ①崔… Ⅲ. ①武术—文献—汇编—中国—民国 Ⅳ. ①G852

中国国家版本馆CIP数据核字(2023)第254978号

民国武术文献选刊. 第二辑. 第七卷　　崔虎刚 收集整理
MINGUO WUSHU WENXIAN XUANKAN. DI-ER JI. DI-QI JUAN

出版发行：北京体育大学出版社
地　　址：北京市海淀区农大南路 1 号院 2 号楼 2 层办公 B-212
邮　　编：100084
网　　址：http: //cbs.bsu.edu.cn
发 行 部：010-62989320
邮 购 部：北京体育大学出版社读者服务部 010-62989432
印　　刷：北京雅图新世纪印刷科技有限公司
开　　本：710 mm × 1000 mm　　1/16
成品尺寸：170 mm × 240 mm
印　　张：10
字　　数：104 千字
版　　次：2024 年 1 月第 1 版
印　　次：2024 年 1 月第 1 次印刷
定　　价：98.00 元

筹委会

（排名不计先后）

【河北】

王雪松 董智勇 侯晓山 张春光 智　泳 李向东 王弘武 苏建中 魏朝辉
王英臣 赵　军 段雷朋 王欢迎 孟祥国 刘明华 王文革 董法胜 卢宝库
马新华 孟令斗 李学兵 龙　威 狄松涛 牛树天 孟令聪 张永泽 孟令兴
孟令江 张思雨 高立新 陆明文 赵世君 张守安 王向东 赵永亮 曹彦场
刘　念 许　栋 卢保卫 庄国伟 孙　健 巩国平 孙　振 姜海伟 徐书长
王　宾 王永涛 赵志勇 张剑军 孟祥龙 柴海生 田卫民 王铁英 张继斌
秦晓悦 刘红强 王长军 田振伟 田　伟 闫庆洪 郎立成 张坤伟 李　波
周　弘 郗建勋 刘光芒 王福庆 张星一 董贵轩 高国辉 孟春华 陈志刚
张增海 李常琳 章建春 张　斌 李　冰 王小龙 鲍玉龙 常　军 李会锋
盖国海 张铁柱 钟俊峰 张根云 任增良 宋分成 李保辉 卜元法 刘　雷
封佳良 李立兵 郝桂英 杨志英 赵连江 张　聪 夏令虎 李正国 丁　强
李文龙 王学武 陈宇明 李金龙 张　义 牛志勋

【山西】

李旭东 刘笃义 苗树林 李乃勤 张振杰 陈贵更 姚建东 张　欣 邢晓朝
王连恒 王　兵 马德祥 薛文江 温锦铭 杨　军 郝利华 李俊杰 王守禄
董冬元 张奇林 任晓平 沈炜东 赵京生 刘叔勤 梁光平 郭玉文 李　白
王理生道长 吴志刚 阎子龙 王宏伟 王　建 李德仁 郭润泽 高玉兔
许青行 孙君荣 陈　娟 赵国华 王银辉 胡晓琴 田志丹 韦树杰 温玉恩
胡元亮 马海平 张玉全 阴建文 王日兵 郭　扬 释妙修 高全民 何　军
冉高峰 李正业 王勇义 晨　曦 田正西 马学恩 郭晋博 王建筑 高宝东

王太晨　侯庆林　朱喜何　宋宝贵　宋俊芳　吴会进　王俊香　张楗军　王德俊
胡佳锋　王雨东　李青峰　史德全　吕　卓　梁文章　李宇鹏　于庆海　吕永昌
吕传泳　李景福　乔一铭　王攀峰　石大永　姬俊峰　贾国喜　吴利生　吴利民
杨志忠　胡安辉　曹中义　胡丽娟　武　冬　王　勇　陆向春　高　静　姬　才
殷文军　王苗祥　王仲文　江俊峰　张丕锋　白玉仁　刘铁铸　秦同文

【内蒙古】

刘井春　褚海东　孙根新　宋仿琛　范健宇　武静安　刘永文　郭迎宾　王浩亮
卢爱琴　乾　坤　白景春　张国华　吕瑞亭　刘世君　周彦明

【北京】

胥荣东　康戈武　徐　杰　于昕洋　肖红艳　酒大雷　姜启超　聂志涛　刘　翊
吕鸣捷　赵安平　尚远宇　王　凯　孙汝贤　牛立新　孙国中　党雪田　高晓光
贾永安　邸国勇　乔　宁　辛　强　刘　铄　程庆余　王　桐　赵天阳　左宇彤
韩俊瑛　孙嘉浜　孙文景　白石羽　德　全　欧　阳　万周迎　徐　鹏　刘路遥
李　谷　左　健　付洪波　成金俊　黄志刚　李　戈　彭　龙　陈　轶　高雪峰
王宝山　王中行　王沥斌　贞　达　孙庆丰　薛　岩　李　迎　张　斌　洛　尘
张　磊　金　微　秦保华　杨文学　王庆年　徐　许　刘福龙　孙国柱　刘满常
于　浩　张国儒　刘万成　于　江

【天津】

崔　巍　于经元　胡向阳　刘宝林　张天龙　张金旺　丁伯立　顾海波　赵文龙
王　诜　王福勇　崔媛媛　马延凯　张聚贵　孙国善

【辽宁】

刘洪刚　任　彬　于万凯　孟　涛　黄中元　高　朋　万　勇　梁　丰　孔德林
潘大庆　王秀如　臧福源　李保刚　薛圣东　孙贵东　袁　波　张　悦　韩宝轩
蒋秀山　侯　明　乔　武　刘英伟　张国志　刘计星　李金友　高　宇　马　畅
郑维钧

【吉林】

张　河　邓宇光　李　银　丁　皓　骆立文　王君波　孟　宇　徐厚祥　佟　冰
倪　郝　赵　耀　郭其武　袁洪范　刘　君

【黑龙江】

佟亮辰　张艳阳　陈玺镔　张指辉　王　皓　宋　梁　郭宝成　陈　斌　刘立国
毕文波　杜伟国　黄忠伟　李　冰　吴　俣　曹志峰　马宏伟

【河南】

张雄鹰　种明生　郭航海　王志远　贾自愿　安呈林　朱利军　释延布　杜长坤
刘启飞　石　勇　王农川　郑营俊　常青州　张　艺　马众森　王占敏　巩建松
倪根上　陈近仁　李朝乾　李紫剑　邢红义　李佩革　刁修华　梁靖予　宋尚军
释延巽　李红林　赖庆新　陈万军　郝跟上　张　帆　恒　勇　王子淳　张亚东
孙明亮　魏淑云　赵振选　王会武　耿　军　买西山　买　威　时晓武　买　勇
买仁萍　仵　锋　马德占　王长明　张伟兵　代忠波　张　玮　段建民　孙保才
李小欣　酒同标　酒小郎　苗轩国　孙和龙　孙随成　焦立武　王建设　刘培兴
苗鸿宝　苗步超　张运生　苗田营　苗富强　杨德民　胥兆飞

【湖北】

徐　斌　张建生　李应龙　刘　杰　石　峰　田　浩　夏四鸿　梁靖予　陈玄机
瞿凤华　秦声浩　严　飞　姜学斌　郑桂桐　胡炳林　李德民　薛兴江　胡圣奎
王卫红　焦通章　徐赐兵　黄亚平　戴珂铭　张　显　刘秋龙　马国平　薛劲松
李志武　丁大益　黄胜文　唐俊虎

【湖南】

苏若鸣　陈开喜　王常秀　张常海　邹　骁　刘建湘　黎昌元　向军华　张继桂
蒋谷川　滕召军

【广西】

黄耀丹　夏　敏　唐晓艺　严翰秀　赖铭强　梁杰乔　张容嘉　廖贤阳

【广东】

于鸿坤　蒋荣杰　任官生　蒋子龙　张俊林　蒋化一　李湘山　刘　泉　沈建杰
余锐镔　张勇强　方　金　陈　执　毕荣俊　刘志坚　靳清江　马廉祯　吴广添
邵剑波　梁伟民　颜志图　吴启贤　陈　伟　王　贵　张梦阳　陈福和　廖锦泉
方应中　陆常康　杨亚国　房向南　陈健志　覃海权　徐　宏　梁柏清　赵刚生
江善祯　房　生　黄　熠　李伟光　贾华兵　王会哲　林国生　吴晓辉　吴立群
冼伟昭　梁文楷　黄仕君　曾奕涵　钟立强　陈会崇　杨柳标　王邦菊　张广辉
刘志添　刘春涛　杨春茂　詹亮清　莫华法　罗浩苑

【深圳】

郑喜平　周　华　李翰青　曹革林　苏洪海　梁　丰　贾永唐　徐百军　连　成
蒋定臻　王继勋

【海南】

梁昌泰　张　雷　李　秀　陈东升

【山东】

高鹏熙　李满利　张松仁　谭京杰　王　刚　马　斌　刘　毅　孙胜辉　周云峰
王玉金　尤明达　厉善祥　刁长俊　周庆春　孙丰玺　许　峰　王芝强　王　斌
刘维明　战文腾　宫智辉　倪德飞　孙思蒙　张　斌　郝代远　史　鼎　康汝宙
郭　宁　张长生　赵延俊　张胜利　张克田　周　游　刘　伟　安宝东　刘军农
董玉明　王景钏　贾友民　张树远　李保庆　王继国　王焱鹏　潘　章　高　承
李万温　张卫东　王宏全　王　伟　梁国爱　李海涛　李飞林　刘连洋　王国川
郑中华　张彦营　姚　磊　刘东强　白正刚　吕延波　洪卫国　张延斌　谷志强
孙晞棠　赵国忠　邓　桦　曹广超　周　琦　陈　雷　泰　祯　李安国　郭英新
徐西林　董志忠　张乐华　孙瑞全　张元海　刘龙昌　谭凯文　冯长源　杨　雷
张　涛　李其胜　梁殿品　张祥泽　朱宗启　薛士玉　杜孝伟　朱永强　樊　霄
杨圆义　刘道毅　李若现　王立岩　要学良　刘圭生　郭玉刚　张　鹰　李金顺
彭维利

【江苏】

杨　忠　窦小彦　许　忠　江其林　兰顺林　王存果　刘季月　周晓明　卜照生
张　亮　马　伟　时丕昌　师厚春　徐　帆　林圆龙　梁　雪　王新跃　谢逸繁
李　胜　解建昌　张爱成　沈枫涛　翟爱武　王吉波　张爱春　王海港　胥子连
毕明府　程　明　刘　通　陈军民　虞洪涛　张　滇　陈灏梁　景怀义　韩运疆
宫翠峰

【浙江】

仇富军　吕　亮　倪顺坚　孙　吉　杨秦健　张　斌　金　翰　王良辰　李继红
蔡德强　戴有木　张青松　马俊成　刘　柱　俞永辉　刘立存　李诚勤　张　俊
高宜挺　许科军　俞佐清　顾　坚　王圣华　刘小峰　杨　华　陈碧如　邓显群
顿鹏辉　江　澜　王一静　姚步高　江敏华　王纪杰　蒋　文　陈宇阳　钱周锋
周　明　蒋仲清　陈幼根　周　锋　陈沛宝　赵　青　凌风子　景　然　周美良
潘小江　卢成昌　潘石弟　凌懿文

【福建】

王福民　蔡卫权　倪忠森　王振河　张祖永　蒋秀山　许剑云　陈向荣　孟庆贺
连国汉　林　峰　俞景耀　陈恒演　涂智兴　罗建晖　林和顺　胡文辉　梁　涛
林建栋　吕信明　周　攀　杨　晗　刘有春

【安徽】

胡春泉　曹　军　钱军帅　祝安园　聂红松　江　奎　魏　冰　毛立欢　冯　皓
欧阳兴业　马　林　铁中玉　刘俊杰　王靖华　武爱东　陈晓东　徐永银
吴　笛　陈　军　赵　飙　张宏华　王　磊　吴　昊　胡卫东　吴　伟　谭全胜
刘法志　汪　泉　乔长良　朱红军　杨纯生　卫　存　卢　杰　秦　琥　王学东
聂　刚　曹其根　曹季泉　曹加才　纪良发　曹　凯　董德霖　张　博

【江西】

熊庆云　钟水清　李舒霖　郭木青　王联军　唐毓堃　张功燚　李江明　屈　群
刘　超　应宗强　李洋洋　陈　军　乐　繁　代建国　钟祥明　虞法志　章新尧
林爱兵　林国生　刘炳开　童加清　李曦初　李海斌　王禹平　崔瑞郡　李广华

【上海】

林　杰　谭振勇　朱长跃　樊永平　杨雨辰　金培贤　金俊达　尹　捷　薛怡平
鞠学东　阚水源　凌先生　孙连盛　杨志承　孙经纬　王宝财　谢琦辉　刘　志
何轻舟　吴爱民　宋　旭　游　清　释永照　董家良　董纲成　陆龙祥　陈海光
梅永福

【陕西】

李　钢　张　钢　郭华东　邵　华　杨俊伟　罗　德　董安强　贺元瑞　杜群喜
杨伟峰　王晨生　杨　坚　白永东　孙　武　陈少纯　郭桂荣

【甘肃】

郝心莲　辛富国　金　宏　李宝才　温世杰　马　伟　汪子竣

【宁夏】

杨文舜　梁杰乔　吴　涛

【青海】

马宏伟　朱春明

【新疆】

赖宝珊　任　军　黄尘哲　张新民

【云南】

黎丽辉　曾　瀚　李太宏　鄢　博　赵顺军　张晨光　叶昆生

【贵州】

杨绍平　谢明宇　刘　曦　孙鲁龙　黄　檗　刘庆涛　曾昭弟

【四川】

侯　毅　古海啸　梁军民　金　亚　李　阳　周新杰　罗　斌　王伟骅　陈兴均
曹　卉　兰　唯　唐博文　郭　建　邱湘彭　罗小波　唐　昶　黄跐洲　温昌奇

【重庆】

罗　明　徐泉森　罗先雄　曹晓东　陈治军　张文欣　张宗华　周光华　黄文才
吴洪明　刘天海　袁一晋

【香港】

李健雄　Mehdi　谢永铭

【台湾】

杨正隆

【其他国家】

黄少武　王振身　陈　闯　龙勿用　胡耀武　柳寿晨　容光远　张立彪　甲斐正也
村上正洋　片桐阳　马永光

特别鸣谢

李金明　王彩鲜　李延春　庞明泉　李　翔　智晓园　于　芳　张　梅　周兰英
安　毅　王新瑞　李克宣　崔并花　杜崇开　刘　洽　张　昭　李继光　薛思问
杨春兰　李　懿　邹德发　吴世勋　高友孝　刘瑞荫　黄兴发　王云山及其姐
袁树礼　郭荣珍　耿爱梅　刘丽俊　郝富义　李补鱼　郝锦园　杨桂芳　杨洪喜
刘怀玉　钟雪友　蔡震升　伦怡馨　高　瑛　李龙城　张魁武　柳百成　张德生
李建勇　贺国安　王慧琴　冯银刚　韩太民　韩原民　曹东红　王　浩　韩常林
韩焕茹　尤素娥　赵海凤　胡玉洁　张桂兰　田喜凤　郭宝芳　魏宏斌　袁建斌
郭　宏　马润生　冯骑明　阎文辉　焦清华　王秀丽　郭　刚　韩秀英　卢冬光
张雪刚　尹贵龙　范阿宝　朱建华　巩爱平　胡建彪　何建东　郝宪伟　郝建邦
郭仁实　高澍芃　江敬斌　薄建东　郑　炜　周　宏　吕　毅　徐用生　田春林
李　明　师维勇　韩小华　尹小玲　赵学毅　刘巧莲　任建玲　赵媛凤　义瑞珍
张玉香　张秀玲　魏巧燕　王小源　海晓霞　刘庆林　赵丽华　徐　静　姚书典
殷　岩　王小根　王海英　宁晚林　胡玉亭　乔　栋　田振山　林　纲　赵大春
朱　峻　王民忠　李　刚　顾武安　李　峰　章　青　叶林忠　贾云杰　许树华
杜　箐　刀京梅　孙慧敏　姜淑霞　王占伟　王艳玲　常学刚　梁伟民　王跃平
冉宏伟　王　蓉　苑博洋　胡志华　李博伦　宋杨萍　韩　翔　田海英
恩师朱华先生、师母冀秀珍女士
父亲崔官禄、母亲王玉莲及兄弟姐妹各家人

目录

十八般武艺全书　上

提要

《十八般武艺全书》，一册，铅印本，无封面、扉页等，其他内容完整。由《十八般武艺全书目次》而知书名，并由间或出现的图书广告可知，该书是公开发行的图书。作者或编者信息，以及成书时间等待考。

诚如书名所言，书中确有“弓箭法、弩法、长枪法、大刀法、白猿剑法、长矛法、盾牌法、板斧法、钺法、戟法、钢鞭法、双锏法、笔挝法、殳法、叉法、钯法、棉绳套索、白打”等十八般武艺，另有附录十二段锦、外功练习法，内容极为丰富、全面。

全书各部分编写体例基本一致，均为先理论后技术讲解的结构，理论内容的编排和技术讲解的结构也大体相同，显示出编写者构思完整、成稿老练。细看行文，尤其是各部分内容的技术讲解，似乎为多人合作编写。全书各部内容均起自单数页，未免留白，编辑多次以插入广告或调整版式等方法加以处理，显示出熟练的编辑技巧，但目次中的附录十二段锦，在正文中实为软功之门径，则显得百密一疏。

该书内容丰富、结构严谨、编制巧妙，为研究民国时期的武术和武术图书的出版，提供了良好的素材。

十八般武藝全書目次

十八般武藝全書之一

弓箭法

(一)弓之由來

弓爲古代兵器之一。激弦發矢。可以及遠。考此法之由來最古。黃帝戰蚩尤於涿鹿。純用弓矢以制勝。此爲有弓矢之最早者。惟當時之弓矢。都以竹木爲之。雖能及遠。終未能完善。迨後推闡其理。互相發明。加以精密之改造。於是乎弓矢遂成爲戰爭之利器。非但發古人射抉之技。抑亦開後世火器之端。雖曰此皆由後人推闡而來。其創作者之功。要亦未可遽沒也。按造弓箭之第一人爲揮。考上記云。古傳黃帝臣揮作弓。荀子則稱倕作弓。而山海經則謂少皞生般。是始爲弓。按年代考之。當以揮爲創造者。而般僊大概亦古之弓人也。在當時弓箭之用。誠十百倍於其他兵器。非但力勁及遠。擅是術者。精研而熟嫻之。穿楊貫虱。百步射人。萬無一失。較之現代之火器。無多讓焉。故十八般武藝。以弓弩始而以白打終。其重視之也宜矣。

(二) 弓之構造

弓之製造。形式方面。固無甚大異。而其材料則不同。大都以桑木爲之主。佐以角筋絲絃而成之。其後又有所謂鐵胎弓等名目。亦非完全以鐵鑄弓，不過以輭鐵附之。而代角之用耳。若完全以鐵鑄。非但無人能開此巨力之弓。卽有之。則鐵無彈力。剛而易折。亦不適於用也。按考工記載。弓以堅韌之木爲幹。內附以角。外附以筋。以絲爲弦張之。弓把曰弣。弓梢曰韒。兩端架弦之處曰峻。弣兩旁曲處曰弓淵。亦曰隈。考此則弓之製。完全以木角筋弦四物而成。並無用鐵處。鐵胎弓之製，其出自後世也。彰彰明矣。或曰。鐵胎弓之名。不過爲喻美之辭。言其堅硬不易開。有如鐵製耳。此說亦頗近理，至弓必以桑木爲之者。取其堅韌而富有彈力。不易催折也。亦取詩敦弓既堅意耳。後之人不察事理。而謂爲桑弓桃箭。可以辟邪。實可哂也。

(三) 箭之製法

箭之製造都以竹。搆造極簡。今人以箭爲鐵製者誤也。惟箭竹與尋常之竹不同。產江南諸山。尋常之竹。肉薄而節多。不能爲箭材也。箭竹之高度。不及普通粗竹之半。止尋丈耳。惟每節相離。有三尺許。一箭之長。不及三尺。用以造箭。既無隔閡。取的必準。江南諸山雖多此竹。而以會稽山中所產爲尤佳。蓋肉厚而幹直也。見竹譜。箭、共可分爲三部。曰箭頭。曰箭幹。曰箭羽是也。箭頭以鐵製。作三棱形。刃薄而鋒利。嵌於箭之上端。幹以箭竹削成圓柱形。置箭端中曳過之。藉以正其灣曲。而使之平直。否則即不易取準也。按箭端。爲造箭之具。以木爲之。抽槽其上。箭幹成。置槽中拖過。使斜者正。曲者直也。故名曰端。箭翎。以鵰鶚等巨禽之翅羽爲之。夾於箭之末端。非飾箭也。蓋箭離弦射出時若末端無物以鼓風。每易上下傾欹而的不易準、所以箭必有翎者。欲其鼓風而取準也。

(四) 弓箭之區別

同是弓箭。有何區別。曰，此非弓箭之區別。實用法之區別耳、弓有輭硬之分。箭有馬步之別。雖同此一弓一箭。而取勢、覷的運力、決射、等等法則。已各自不同。勢有正反俛側、的有活動固定。運力之方向、則全視其取勢之若何而定。決射之動作、全視覷的之如何而發。爲大將者、不輕扣一弦、不虛廢矢。欲知其道，固非以成法不變爲可恃也。而於是乎有顯然之分別矣。輭硬弓、馬步箭、各得其用、絕不可以相混也。大概步箭射人、可以自身之長度、以測敵人。欲射其上部則提高其手、欲射下部、則按下其手。有一比例、容易取準。卽反射等亦較易命中。若馬箭則不然。兩方之馬在戰場上、終無停趾。其的翔動。取準已難。而自後又在馬上。着力亦頗不易。而尤以反射之機會爲多。更難求其中的。故馬箭實難於步箭。至若弓之輭硬。則完全視射者之膂力而定。非可以勉强行之者。若射者只二石之力。必强彼開三石之弓。勢必有所不能。即勉强行之。臂震手抖。而欲其命中也。亦决不能矣。反是則力强而弓弱。扣弦拉弓。鮮有不若然而折者。故馬步箭。皆是學習而來。但能翔動遊擊。不患其有的而不能中。弓之輭硬。則全視乎天生膂力。有幾石力。用幾石弓。貪多矜眩。亦無益也。世之習弓箭者。幸毋以此言爲河漢也。

(五)弓箭練習法

弓箭一道。似乎極爲簡單。以其架勢不多。射法有一定也。惟須練習目力。使能中的已耳。其實不然。事固有愈簡單而愈難練習者。弓箭法雖不多。即就覷的瞄準而言。恐亦非旦夕之功所能有所得也。射法純熟矣。目標準確矣。弓箭之技。猶未已也。打死靶、射死法。固然能之矣。若遇生動之物。或行動時射一物。必不能指揮如意也。故射之爲技。非易言也。必至射鴿扶兔。貫蝨穿楊。盡其神妙。始足以言射也。欲達此目的。非用克苦之功。朝暮練習至十年八載之久。不能成也。歐陽修賣油翁之記。亦寓深意焉。我於射之道。亦作如是觀。至練習之法。起初不過豎一鵠於數步之外。日夕射其的。至百發百中時。再移遠數步。再射之。至百爲止。百步而能必中矣。然後易去此呆滯之鵠。而易以略能轉動之物以爲的。如以線繫一錢。或較錢略大之物。懸於樹枝。起初仍立於離樹數步之地。劄箭射之。以後亦如前。逐漸離遠。至百步而止。然後再將一巨孔之錢。懸之樹端。必使箭能一一從錢孔穿而止。至此藝已大成。若以之射飛鳥走獸無失。則臻精妙。而無往不可矣。昔嘗聞父老言邑有黃某。能於黑暗之荒野中。炷香若干枝。距離百步外。黃則挾矢如香數。一一射之。矢盡而香燼矣。屢屢試。無一爽。其技可謂神矣。可見久練功深。熟能生巧。如黃某者。謂非久習之功。曷克臻此。故射不患不能精。患不能勤耳。最忌之事。則無過於自滿躐等。此又學者所當注意者也。

(六) 射之架勢

射之架勢。雖不甚多。要亦可分爲數類。而佩帶弓箭。取用弓箭等事。亦有一定之法則。非皆可以任意行之者。而正射反射背射側射等等。亦各有一定之步位。一定之姿勢而取準發矢。又絕端不容輭欹硬挺之病。若在學習時於此不加注意。則非但難望成功。卽僥倖成功。畫虎類狗。徒貽大方一笑耳。故凡事必先正始愼終。射雖小道。亦不能跳出此公例也。今將各種架勢分條說明如下。以便學者於練習時。有一標準。不至無所適從也。

(一)佩弓箭式　弓揷背上之右斜方。有弓囊。囊及半弓。餘半露於外。以便抽取。貯箭有壺。壺懸於左腰際。一壺大約可容十數箭。箭幹完全揷壺內。壺口之外。僅露箭翎而已。

(二)執弓箭式　射時左手擎弓。右手持矢。左手宜緊握弓背。卽弓兩弓淵之中間。虎口向上。拳面向前。右手緊扣翎後。以三指撮之。

(三)射箭時之姿勢　兩足成丁字步。左足在前。右足居後。左手執弓前向。平舉其臂。力向外托。右手扣箭於弦。用拇食二指。扣弘箭幹末端。力向後扯。曲肘向後臂成一三角形。須與肩平。如抱物狀。所謂左手如托泰山。右手如抱嬰孩是也。身略下沉。箭頭之上下左右。視的而定。拉弓時須使弓背成半圓形。弦成平三角。始可發箭。所謂弓開滿月。箭發流星也。因拉弓不至此程度時。箭出無力。不易中的。若過此程度。則力强弓弱。易於摧折也。

(四)射箭時取的之法　射之取的。頗非易易。若漫無標準。徒恃目光之推測。終難百發百中。故射者必有成竹在胸。而後可箭無虛發也。最顯著之法。則以己身之長度。而測其的。如的高於我。則箭頭宜向上。的低於我。則箭頭宜向下。的與我平。則箭可平置。能如是。雖不盡中。相去亦不遠矣。若用以射人。其的雖生動而體積較巨。當不難命中矣。至於射技之敏疾神變。則在射者。熟能生巧。當自能神明變化也。

(五)射法之種種　射之爲技。似簡實繁。似易實難。予前已言之矣。綜其射法。不及十種能盡其技者。天下無幾人焉。其法之名。彙錄如下。曰正射法。即第三節中所舉之例。前丁步前平射是也。曰反射法。即身體向前箭從左方後射是也。曰側射法。即身體向前而箭左側射是也。曰高射法。即舉弓向上。如射飛鳥。或取城頭山項之敵是也。曰俛射法。此爲守城守山。或獵取在下之野獸。即俛身向下射也。曰連珠法。即接連發出數箭使人不及抵禦也。以上七種。射法盡於此矣。其餘聲東擊西金蟬蛻殼等射法。皆熟習生巧。從此七法中脫胎而出者。故學者但能於此七法精究之。則不患其不能得心應手也。至此七種之射法姿勢。則於下圖內說明之。

(六)射法附圖

(甲圖)

(乙圖)

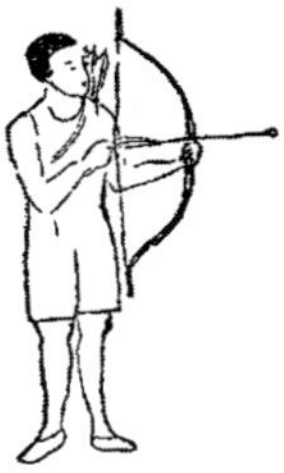

(圖　丙)

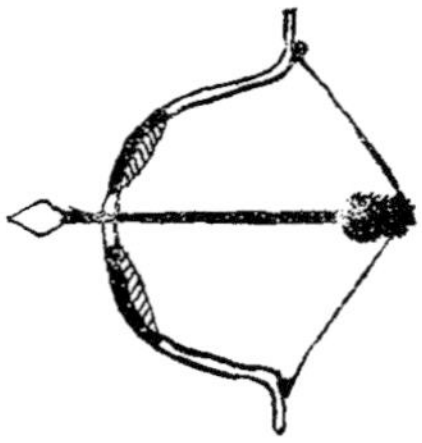

(圖　丁)

(圖　戊)

(圖　己)

(圖　庚)

十八般武藝全書 之二

弩法

（一）弩之由來

弩亦弓屬。相傳爲黃帝所造。亦名窩弓。其發矢不仗人力。而用機括。力强而及遠。較弓爲烈。獵人恆設置叢莽間。使虎豹等誤踐其機而中矢。於此可見其力之强也。惟弩之形式。與弓略異。弓背之中。橫置一臂。發矢之機。卽置於是。發時先架弦於機上。此處名弩牙。然後捩其弩鼻。牙與此處本一木。不過方向相異。此上則彼下。此下則彼上。有如捕鼠器之機括然。故一捩弩鼻。牙卽脫弦。而弦激矢出矣。弩之大小不同。名亦各異。小者以手攀捩。其大者須用足踏。蓋非手之力足以勝任也。其名則有神臂弩花裝弩穿鐙弩等。大概皆以其用法不同而異名。至弩之構造。依然如是也。大概此等名目皆出於唐宋之間。固非古代所定之名稱也。弩之功用較弓箭爲巨。及火器興。弓弩之位置。遂一落千丈。以至今日。非但習此者少。幷其名稱及形式而忘之矣。惟北方多山林。毒蛇猛獸。時出爲民害。山居者猶多設窩弓以自衞。獵戶以獵獸爲生。火燒之外。亦借窩弓以設伏。一旦火燒失效。亦有以弩殺獸者。故弩箭雖不見用於戰爭。而山陝口外之人。尤多習此者。自衞謀生。兩利之道也。至若南方之人，孱弱素著。今雖稍注意武事。而此道則無復能之者矣。

(二) 弩箭之構造

弩亦以木爲主。而以角弦等物佐之。惟多一臂。置於兩弓淵間。一端橫架弦上。因有此臂。故名曰神臂。以其强有力也。臂之中置一機括。一端作鈎狀。用以扣弦者曰弩牙。一端作雞嘴形者曰弩鼻。用手捩之以脫弦發矢之機也。其中部之兩旁有小孔。中設竹筲釘。以橫貫於弩臂。使弩牙可以隨時上下。便於鈎弦激矢也。弩臂中空。可以置矢矢末緊靠弦上。機撥弦動。矢的發射。當火器未發明時。視利器。飛煌弓、克敵弓、神臂弓、花裝弩、等。皆弩箭也。宋時且募天下弩手以成一軍也。

(二) 弩之功能

弩之力。較弓爲强。所發矢亦較弓爲遠。尋常之弓只發一矢。能發連珠箭數木者。已稱神箭。若數箭並發則非所能矣。弩則不然。最普通者。固亦只一矢。其力已較弓發者爲强。然弩之大者。其力最巨。能架數矢同時並發。曾不減其遠。亦不略弛其力。不發則已。發則必中。避此中彼。百無一失。故兵家用以護營。與鐵蒺藜、鹿角椿等並重。以備敵人之襲擊。有此爲障。則敵來直取死耳。此則用脚踏爲多。若守城扼要。則用手發者爲多。或設伏以誘敵。使深入伏弩之地。任其自蹈而自殺也。故兵家無論攻守。用弩獨多。卽不言兵。山居之民。則藉禦虎豹之患。夜行之人。亦可以備盜賊之凌。固皆有利於人。至獵戶之捕獸。尤仗弩之力爲多。蓋與火鎗相較。固損失少而効力等也。（按北地獵戶所有之鎗。猶是前膛。須先灌火藥然後用火繩或銅冒子烘發也。及遠不能勝弩。而一鎗之費。較一矢之費。實倍蓰也。故北方獵戶（至今猶用弩箭也）此技之所以至今不絕。其傳者。亦職此故耳。弩箭之外。又有所謂弩皦者。其製與弩無異。不過所發非矢。易以石子。此卽所謂飛煌弩也。其用亦與弩同。攻守俱宜。且有將士以此爲暗器者。按此卽彈弓。不過略巨耳。凡北人挾技爲人護鏢者。類多能之。至南人之習此者。亦屬僅見。

（四）弩之練習法

習弩之法。與習弓箭異。能弓箭者。未必能擅弩。能弩者。亦未必皆能弓箭也。蓋物各有法。其奧妙之所在。固各自不同。猶之善刀者易鎗則生踈梗格。勢必不合。善用鎗者。易之以刀。則撩削失措。攻守無方也。扯弓發箭。雙手並用。以弓背之上下左右。爲取的之標準。扣弦搭弩。固用雙手。而捩機發矢。則純用隻手。以弩臂之上下左右爲取的之標準。至若足踏之弩。其裝矢鈎弦。固須用手。若發矢捩機。則完全用足。以手用之弩言。固易於弓矢。以足踏之弩言。則尤難於弓矢。惟練習弩箭之法。則與習弓矢相同蓋物雖異而取的則同也。初竪一鵠。或高或下。不必正平面也。用弩手射之。如今之以手鎗打靶者然。逐步練習。至純熟而漸縮小其目的。移遠其地位。（法詳弓箭練習法）至能於百步之外。任意從左右前後取的無不中時。手弩之藝盡矣。然後再習足踏弩。其弩較常弩小去一半。可以藏諸靴鞋之旁。射法除平射之外有斜射。其取的之標準。雖用弩臂。然小腿實足以左右之。蓋射發時。小腿後挺。則弩斜上。小腿前躺則矢平出。發矢之機扣以繩。一端繫足尖。只須一鈎。矢卽發矣。若乘馬者。可藏弩於鞍旁。而繫索於蹬此則言作暗器取敵之足踏弩也。練法與前同。至於伏弩。皆用足踏。有預定之目的。不必更加以瞄準也。花裝弩與足踏弩大小相同。而藏之於背。繫索於足。射發時。只頭一低。繫索之足略一挺。索牽機動。矢卽從後頸間出矣。此法宋之武士多能之。亦可以數矢並發。各種暗器中。惟此爲最不易防，蓋藏弩於背。人不能見。引頸發矢。更不易測。弩法神化。至此極矣，其圖與弓矢大略相同不復贅述。

原本此页无内容

十八般武藝全書之三

長槍法

⊙長槍之考據

長槍之物。由來最古。車戰時代。將士利用長兵。弓矢之外。惟以矛爲最適宜。故矛有丈八之稱。槍之來。實始於此。惟當時雖爲戰鬥之具。惟無一定使用之法。兩陣相對。不過借此兵器。遙相擊刺而已。相傳槍法實傳自苗蠻。槍譜載。西方有武吃氏者。民以勇悍著。不論男女。都嫻武藝。藝精者王。羣衆慴服。莫敢有違。故武吃氏之族。小兒五六歲。卽令習武。孱弱不能軍者。父母棄之。里人不與伍。其族尤以長槍法著。槍長七尺至八尺。金其鋒而以輭木爲柄。舞動時。寒星點點。銀光皪皪。潑水不能入。用以臨敵。矢石所不能摧。此有槍法之始也。按西方疑指西域。武吃氏之族。不得其考矣。至於此法於何時傳入中原。則又各異其說。亦不必深究。總之槍法之起於武吃氏也。可以無疑。

⊙長槍之功能

丈八蛇矛。古之利器。利於車戰馬戰。若步戰。則不得其用矣。蓋以其桿長過人身一倍以上。舞動時。必感周轉不靈。且能取遠敵。而不能格近身之敵。其爲用不如槍。槍桿既短。直可刺。橫可擊掃。敵遠則移步就之。敵近則橫槍格之。更益以武吃靈妙之法。熟習而研究之。誠非他種兵刃所能敵。且非一人敵。縱使圍攻者衆。用槍者如能得其竅奧。則鈎攔撩撥。指揮如意。所謂聲東擊西。指南打北。從容應敵。極長短互用之妙。雖數十人圍攻。亦不足困之也。惟今者對於此道。都視爲不足重輕。棄置不顧。北人或尚習之。南人之習此者。不復見矣。下列槍法。係東魯孫君警庵所授。云係習之老武師王立功者。想見其爲古法也。

⊙長槍法撮要

長槍以靈活著。舞動時槍如潛龍出水。入如猛虎奔山。如雨散梨花。如風中柳絮。神妙變化。不可測度。槍法傳者固多。名稱亦殊不一。或同法異名。或同名異法。此則傳授者任取一事一物之相似者名之耳。槍法中之最著者。厥惟羅楊兩家槍。與李全妻楊氏之梨花槍。唐羅藝守幽州。擅槍法。自成一家。曰羅家槍。北宋楊業戍邊。幼子得異人爲師。授槍法。迥異世傳。後亦以楊家槍法著於時。按此二事。皆出邊陲。疑即武吃氏槍法之真傳也。又宋寧宗時。有賊李全。善運鐵鎗。後傳其法與妻楊氏。楊氏嘗謂鄭衍德等云。二十年梨花鎗。天下無敵手。此則梨花鎗之由來也。今請言楊家鎗法。試分條述之如下。

(一)步法　與尋常拳脚兵器所用。完全相同。惟須矯疾。

(一)眼法　拳術或其他兵器。眼只須照顧拳或兵器之所在。及身前身後而已。槍法不同。鎗尖固須顧及。鎗桿末端。亦不可疎忽。因末與端。固具有同等之功用。尖刺不及。則桿擊也。

（一）身法　其他拳法。身體之轉動較少。且存身作馬步時多。惟槍法中。幾全用弓式身體亦隨在旋轉。左右前後。無時或息。

（二）手法　別種兵器如刀劍之類。握手處。必有吞口護手。惟鎗除纓盤外。絕無遮掩。用運時必須靈活。若偶一遲鈍。敵人之械。一過槍尖後。卽可順勢下創。或砍刺。收鎗不及。最爲危險。故槍須手法敏疾。益之以槍花。則敵不易乘矣。

⊙楊家鎗之主要動作

楊家鎗數。古傳只有三十六鎗。且其中同勢者頗多。若以勢計之。只二十種。其餘法皆重複。然不以此而爲楊家鎗病也。且鎗數雖不多。然一鎗有一鎗之用。一鎗有一鎗之功。神妙靈活。變化無窮。非若後人所創之法。以變勢爲能。以數多矜勝也。雖然此鎗輕轉相傳。以迄於今。增減之處。在所不免。或變繁爲簡。以求學習之便利。或矜奇眩異。以求人之嘆賞。此皆不足言鎗法也。卽我之所述。亦不敢概謂之古代眞傳。惟研究其用意。覺周詳精密。似去古法爲不遠耳。今請將楊家槍之主要動作。分條錄下。

（一）直刺法　直刺者。卽只手舉鎗。直刺敵人之謂也。分前直刺側直刺二法。前直刺右手舉鎗。左手護鎗鑽旁。足作右弓步向前直刺也。側直亦相彷。惟掉向右方耳。

（二）點鎗法　此係虛攻法。先將鎗尖布動成花。向前或左旁猛力一點。急亟收囘。握鎗時。左手在前。右手在後。（以下仿此。）亦用弓步。

（三）撒鎗法　此法在發攻人之鎗後行之。收囘鎗。扭轉身軀。向相背的方向成弓步。此時鎗尖與頭平。然後起花向左後斜下方用力撒去。

（四）拖槍法　此法係誘敵或敗退之法。虛實互相。行之於攻人之鎗法後。收囘鎗。同時左足收置右腿前。右手握鎗如原狀。左手自腕至肩。使緊壓鎗桿上。反掌向外。身向前。目視鎗尖然後用絞花步或箭步向右退却以誘人來攻、卽可發鎗制之。

（五）攔鎗法　此爲先虛後實。攻人無備之鎗法。先向將鎗起花向敵左右虛宕一鎗。然後將鎗猛力一抽。布花直刺其正中。使人有眼花撩亂。不及提防之妙。名爲攔者。意其攔去前方之障礙物。俾可直取中心也。

（六）提鎗法　此係擋過敵械後收囘鎗法。平常攻人之鎗。不外上盤取頭。中盤取胸腹。下盤取腎。收鎗固可按法得之。惟此因乘下壓敵械之後鎗尖已極低斜。故須用力向右斜上方提起也、

（七）掃鎗法　此係攻人下盤之法。勢如拳術中之掃膛腿。人先直立。將鎗從頭上盤過。自左而右。待鎗與右肩平時。身體急蹲下作殿步。同時將鎗用力向敵掃去。一面用左手乘勢接鎗。以備變換。接鎗時右足

跟前一步

（八）挑鎗法 挑鎗者。須待鎗尖已經着物之後。方始用之。其刺法冈不必膠滯。惟挑時先進步。左小臂屈胸前。手掌向上。拳口向前。作用力上抬之勢。如重心中之支點。右手時屈向後。掌心向下。拳口亦向前。用力將鎗桿下捺。俾鎗尖能乘勢昂起上挑也。今人以走步點鎗。亦謂之挑鎗實誤。

（九）梟鎗法 梟與挑。其勢略同。而用法絕異。挑爲攻人之鎗。梟爲迎敵之法。其法先在下方布花。急亟泛起。以擋敵械。鎗平置與頭等。左手上托。右手僅維持其力點。惟敵械若下壓時。可乘勢略挫下。然後再用挑鎗以挑去之也。

（十）壓鎗法 此法利用於制用重器之敵人。蓋我一木桿之鎗。經不起過重之壓。力敵械如沉重者。若迎就之。鎗桿可立折。若避之又似示餒於人。用壓鎗最宜。法待敵械旣近。先行避之。然後乘勢泛起鎗尖猛力下壓須用迅雷不及掩耳法臨之敵每易顛扑。此所謂四兩撥千斤也。

（十一）撥鎗法

此係先實後虛之法。先布動鎗花。將鎗尖往前一探。然後向左右撩撥。再進一步再探再撥。凡進三步而止。按此法專攻人之下盤如拳脚之有撩進腿也。三撥而敵不受制。知此法之無用。須收回另用他法制之矣。

（十二）逼鎗法

此法與壓鎗法略同。惟壓鎗乘勢一壓。不論敵之顛扑與否。皆急收鎗且壓時二人面相向。此則不然。壓住敵械之後。仍用力相逼。使敵械不能收回乘不意用另法制之。或逼住其鎗。有言訊問也。其方向則完全處於敵人之左側或右側

（十三）格鎗法

此法或於轉身之際。敵人逞不備乘虛攻其背一時不及用他法

抵禦。只得用左脚急進一步。左手放去鎗桿。右手緊握鑽際。使鎗尖着地。鎗桿在背後成一支柱形。則全部得其保護、不至爲敵所乘。且乘此之勢。反可以變爲點鎗或掃鎗以制敵也。

（十四）勾　鎗　法

此勾字當作引字解。引此一鎗以制敵之意也。須先單手提鎗。向前虛宕一鎗。然後拗起。承以左手。收弓步爲正馬步。雙手捧鎗。高與肩齊。鎗尖略作小花。以待敵械之入。可乘機取之。此係以虛引實。以實伺虛之法也。

（十五）回馬鎗法

拖鎗是虛。誘敵而退。正懷襲取之意。所以連退數步者。老敵人之意也。拖鎗之後、繼以回馬鎗法。無往而不勝。法在右足後退一步之時。先已蓄勢欲發。成一右側弓步。待敵臨近。大喝一聲扭轉身軀成左前弓步。同時急將鎗尖起花。從下泛起。直刺敵心。敏疾異常。若非預爲之防。則鮮有不着手者。誠鎗法中之至妙者也。

（十六）挑點鎗法　此法挑而不實。點而不花。且用躺步上前三步。三挑三點。而後收回。其法將兩手緊握鑽前、因力下捺。使鎗頭上挑。待鎗尖高與頭平。急將左脚跟進一步。同時將鎗前刺。然後略收回。再挑。右脚跟進一步。再點。反復三次。此鎗法挑是虛。點是實。不挑則點之力不充。不點則其挑易避。故必互用之。按卽俗所稱之鳳凰三點頭者是也、惟其法頗不易耳。

（十七）拏捲鎗法　所謂拏者。攻敵而制之也。所謂捲者。捲除一切不利於己之障礙也。此法先拏後捲者。蓋旣制其主。而肅清殘賊也。法先向主力處用四平鎗刺之、然後轉手將鎗迎面作旋轉夾花。末後右手猛力拔鎗柄向後、左手屈肘托鎗如肩平。蓄勢使前刺狀。此時頭向左方。足成左弓步。右臂挺直。緊靠鎗桿。

（十八）懸脚鎗法　無論何種刺掃之鎗法。皆可用懸脚行之。蓋懸脚者。所以預蓄前進之勢也。在門外者視之。以一足着地。勢孤易摧。其實此法却具有可進可退之妙。進則攻人。退則自守。萬一强敵在前。勢或不支。尚可以使箭步而遠避。亦較易於尋常。故鎗法爲神妙也。

（十九）鑽刺擊法

鑽鎗之末端也。以金屬爲之。惟無鎗尖之鋒利。然其功用。亦不亞於鎗尖也。蓋鎗尖在前。或有頑敵潛攻其後。轉手頗費周折。甚至時或不及。則可以鑽擋之。便疾固不待言。且鑽非但能禦敵。抑且可以制人。若橫小臂於鎗桿之後段。屈肘擊人。力猛而靈疾。鎗之所以能敵多人而不懼者。鑽亦與有功焉。

（二十）殺手鎗法

殺手鎗者。即用鑽擊制勝之法也。然行此法。非常危險。非不得已時。不肯輕用。蓋須將鎗法故意疏亂。使敵人入鎗門以內。然後假意橫鎗格其械。而已伏小臂於鎗桿。迫近至相距一步。急屈肘橫擊其腦。如不中宜略轉身向右斜下方猛點其制命之處。再不中則須用挑鎗法挑之矣。此係楊家最著名之鎗法。非危急時。不肯輕用。楊家鎗之所以傳。亦以此也。

⊙楊家鎗三十六勢次序

（一）正　立　面南立。右手卓鎗於右前方。左手直垂。兩足並攏。頭向前。目視鎗尖。

（二）起　手　先將右手橫槍向左。左手握鎗桿中部。然後右手退握鎗鑽。同時左足開一步。身左旋。

（三）毒蛇出洞　先將鎗尖自左而右。布成鎗花。右足槍進一步。左手摔向後。右手只手舉鎗前刺。

（四）蒼龍探爪　左足跟進一步。左手仍接槍桿。變爲前馬步面南。鎗平收置胸際。

（五）丹鳳穿花　左手放去鎗桿。右手舉鎗從後方起作一盤頭。至前面時。左手托

之。此時成右側弓步

（六）倒曳牛尾　右手屈肘下壓。左手接鎗下壓。左臂緊貼鎗桿。右足絞右一步轉身。頭後顧。

（七）海底翻濤　依前式向右一騰步。然後轉身布起鎗花。猛力上挑。此時作左正弓步。

（八）毒蛇出洞　乘鎗尖之勢。右足急進一步。左手撤開向右。手單提前刺如第三勢。

（九）大鵬展翅　右手乘勢接鎗上抝。左手自上接之。鎗作斜勢。向左作一旋風轉復元位。

（十）抱虎歸山　左足退後一步。右足提起。手中起一大盤頭。轉鎗向斜方作抱持狀。

（十一）蒼龍探爪　足作一騰步。落爲前馬步。鎗尖布花前刺。與第四式同。

（十二）旋風掃雪　傾前身。左手略收後。置鎗前方平地。猛力向右掃一周。掃時只須右手持槍左手勢盡再接。

（十三）白鶴亮翅　左手接鎗後身即起立左足前提。舉鎗與肩齊。布花向左側刺去。

（十四）毒蛇出洞　兩足換步、轉身向後右手單提鎗側刺注意此式用向北之馬步。鎗向東刺、與三八兩式異。

（十五）倒曳牛尾　左足向右平一步、左手握住鎗桿、用箭步向西退。與第六式同。

（十六）撥草尋蛇　左足向東轉一步回身布動鎗花、先向兩旁撩撥然後由正中前刺、

（十七）烏雲蓋雪　右足由後提進一步。手中鎗略略收轉、向下逼去。

（十八）海底翻濤　右足一踩步、順勢將鎗尖從底下翻起向敵頭部挑之。勢如第七式、

（十九）毒蛇出洞　乘勢單手托鎗。轉身側刺。如第十三勢、

(二十)鴿子翻身　先將鎗尖點地，全身直立。轉身西面。左手前揸。頭反顧後方。

(廿一)丹鳳穿花　將點地之鎗、略略拗起。向左方作一大盤頭。轉身向南。左手托住鎗桿。如第五式。

(廿二)大鵬展翅　右手將鎗尖提向項上。左手握鎗中部。右足進一步。向左一轉。如第九式。

(廿三)蒼龍探爪　轉至前面時。左足一蹤。左足開半步成馬步鎗左側刺。如第四第十一兩式。

(廿四)鐵牛鋤地　先扭轉身向東。成左前弓步。然後將鎗布花。用力往下一壓。卽提起。

(廿五)白鶴亮翅　將鎗提起之後。連布三盤花。高舉鎗攻敵上部。同時身直立。左足蹺向右方。

(廿六)靈獮護腦　依上式換成馬步。兩手將鎗上抬至眉際作格架狀。

（廿七）烏雲蓋雪　將右脚略騰半部。鎗花泛向敵械之上。猛力向下蓋去。如十七式。

（廿八）倒曳牛尾　只須將右脚先將向右半步。然後起箭步。餘與以上諸式同。

（廿九）迴風撥水　箭步之後。左脚再絞上一步。頭後顧。用中平鎗向後捲刺之。一刺之後。卽須乘勢轉身。

（三十）丹鳳朝陽　依上式急騰步轉身。足左前右後。雙手同握鎗之末端。向東用：步進而挑點之。法見挑點鎗法。

（卅一）靈貓攫腦　三挑三點之後。轉身向南。右足開出一步。雙手舉鎗齊額。如第十六勢。

（卅二）懷中抱月　右足向東進一步。成正弓步。右臂挺直。左臂屈脅際。布花前刺。

（卅三）鐵牛鋤地　左足跟進一步。仍作正弓步。雙手捲鎗起花下壓。如二十四式。將鎗尖在下斜方先起一花。然後向左右激宕。用力向右斜上方抽起。左足亦蹺向右方。

（卅四）抱虎歸山

（卅五）撥草尋蛇　左足略蹉地。騰轉變左側弓步。同時捧鎗與肩平。餘勢如十五式

（卅六）鷂子翻身　急撤左手使鎗尖點地。身向左旋轉。餘勢如二十式。仍用丹鳳穿花式收住。

（卅七）迴風擺水　法詳第二十九式。完全相同。

（卅八）橫江亂渡　依前式略移上右手。兩小臂緊貼鎗桿。右足左進一步。屈右肘用桿向左擊去。

（卅九）獨貫三台　依前式故作破敗。使敵入門。用點鎗刺之。再轉身用鑽點之。然後再用前式擊之。此因三鎗連發。故名一氣貫三台。

（四十）復起手勢

（四一）復正立勢

⊙楊家槍各姿勢圖

（五）大鵬展翅（卽攔鎗）

（六）抱虎歸山（卽提鎗）

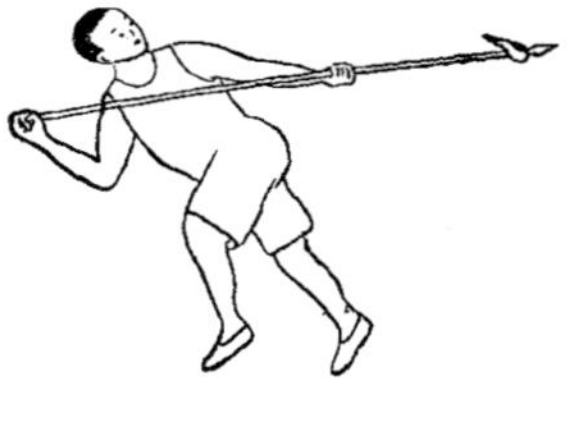

（七）旋風掃雪（卽掃鎗）

（八）海底翻濤（卽挑鎗）

（九）白鶴亮翅（卽梟鎗）

（十）鐵壓鋤地（卽牛鎗）

（十一）撥草尋蛇（卽撥鎗）

（十二）烏雲蓋雪（卽逼鎗）

（十三）鷂子翻身（即格鎗）

（十四）靈貓護腦（即勾鎗）

（十五）迴風撥水（卽回馬鎗）

（十六）丹鳳朝陽（卽挑點鎗）

（十七）懷中抱月（卽拏捲鎗）

（十八）　金鷄獨立（卽懸脚鎗）

（十九）　橫江飛渡
（卽鑽刺擊）

（二十）　氣貫三台（卽殺手鎗）

十八般武藝全書之四

大刀法

⊙大刀之考據

大刀本亦爲車戰時代之利器。其法初止斫砍劈勒而已。初無制敵誘敵之種種神化也。與丈八蛇矛。殆同其功用。迨夫後代。戰爭變法。易車而馬而步。用大刀之將士。知成法之不足制勝。乃各本其戰之經驗。而想出種種利用大刀之法。俾爲殺敵制果之助。于是乎有種種變化矣。大刀之最著者。爲關王刀。蓋卽關羽之刀法也。三國志載關王刀重八十二斤。長一丈二尺。古之度制。較今爲短。合之今度制。長僅八尺有奇耳。今世之大刀。蓋皆彷此。卽刀法亦本此而變化之也。惟考大刀之種類。亦正不止關王刀一種。如潑風刀。大斫刀。九環刀。兩刃刀等。皆大刀也。其式樣不同。而名亦因之而異。至其用法。則殊途同歸。初無若何之大區別也。故關王刀。可謂之爲大刀之祖。其他各刀。皆自此脫胎而出者。雖各有變化。要皆未能及其精密神化。足徵完善也。我今卽以此刀編爲講義。以公同好。抑亦遵古法也。

⊙大刀之功能

大刀之爲物。旣重且長。須有實力者。方能用之無苦。非若長鎗之輕而易舉也。若實力旣充。刀法純熟。亦正可與長鎗同其功用。惟大刀利于馬戰。若步戰用之。終不如長鎗之靈活神化也。若更與其他短兵較。更不能見長于步戰。蓋馬戰固長兵合用。乘勢舞動。銳不可當。若步戰完全以騰踏跳躑見長。左右前後。虛實相乘。則固以短兵爲合用也。自車戰廢。進而爲馬戰。殺敵致果。大刀固爲利器。馬戰廢。進而爲步戰。大刀已不如前此鋒芒。習之者漸少。今者并步戰進而爲炮戰矣。大刀之法。固已成明日黃花。幾至無人問津。卽武術界之以大刀著名於時者。亦寥若晨星。此亦時代之關係也。而近年河北一帶。大刀會勢甚猖獗。又多以迷信神權。招置愚氓。並非真能似大刀之法相授也。噫長此以往。古刀法之不逐漸消滅於無形者幾希矣。予編此亦聊備一格耳。

⊙大刀法撮要

大刀既爲馬戰時之利器。就武術言。並無所謂步法。蓋馬上無所用其步也。必有之。則惟騎馬勢爲最宜耳。但竟不然。今之大刀法中。亦盡各種之步法而有之。此乃不得其解者。或謂此係馬步戰交替之時。有能者出。而設種種步法。使與大刀法。上下呼應。進退有勢。而以大刀作步戰之具耳。理或然歟。但以我觀之。終不能無疑焉。馬步戰交替之時。去今不及二百年。何竟無人知此將大刀易馬而步之人乎。此固可以不必深究。今請就刀言刀。卽有以訛傳訛之處。好在刀法非我創。步法非我作。融合變通。亦無不可。幸有精於此者，進而教之耳。

(一)步法　與長鎗法略同。惟彼宜矯疾。此宜沉實。蓋刀重勢大。步不沉着。易于傾搖。

傾搖易受制于人。宜注意。且長鎗法中無騎步。大刀則有時利用之。

(一)眼法　目光宜注視刀尖。刀尖至何處。目亦隨之而移向何處。惟以敵人無固定立足地之故。于照顧刀尖外。尤須注視敵之所在。以免爲人所乘。

(一)身法　用刀時。不論何種步法。務使足跟穩固。身體挺直。然後可以發刀。若不加意。隨便發刀。足步不穩。身體搖動。根本即不堅實。根本不堅實。則用刀無力。故發刀必先正身。

(一)手法　手法與長鎗完全不同。鎗之出力全在腕肘。大刀則不然。其力完全會於兩臂。鎗以迅疾避已入門之敵械。刀以斜勢格已進門之敵械。惟鎗仗布花以眩人目。大刀則有盤頭。以亂敵神。其進攻之方法爲相異也。

⊙關王刀之主要動作

關王刀法。共有六十四刀之數。其間重複之處極多。如盤頭背花等。每有十數複之多。

此蓋承上啓下如文法之用虛字轉合。亦如歌曲中之有過門。不足爲疵也、惟今刀數雖未有增減。究竟去古已遠。是否盡係真傳。或後人已變易其法、勢不能起關羽而問之。則不可稽考矣。不過世代相傳、以爲如是亦正不必求苟異也。況我於此道。本無深造。更不敢以個人之私意、而有所更改增減也。今請將關王刀中之主要動作。如勢繪圖列後。以資闡發。

（一）劈　劈有左右之分。行之於盤頭之後。先右手握刀柄前部。左手握刀柄後部。將刀向前平舉、刀口略向左斜方、此時右臂直舉向前與肩平、左手置腋旁。然後右手轉過手腕。使刀口向右斜下方。乘勢下劈。左手不動。此係右劈勢、左劈只須使握刀之手易位。變其方向。如法行之。

（二）砍　此法行之於大轉身或大盤頭之後。先將右手只手舉刀。向左從頭上摔一大盤頭。待刀摔至前面正中時。左手亦搶住刀柄。雙手捧刀成朝天一柱香勢。然後運用全力向前方直砍、刀口略帶斜勢。

(三)切

此法與砍彷彿。惟不必用於大轉身。大盤頭之後。亦不必用朝天一柱香勢。只須用劈之同勢。向下切去。刀口不偏。切有單手切雙手切之分。單手只用右手提刀下切。雙手則左右並用。餘無他異。

(四)削

此法亦用之於盤頭或劈刀之後。亦有左削右削之分。右削與右劈刀相彷。惟刀口不向右斜下方。而平向右方。提刀之手。亦平置前方。左手如劈刀勢置腋際。左削刀則須起一盤頭。落置平胸。刀柄在左方。刀尖在右方。刀口向外。成一字形。然後向左平削之。步法則左右弓及提步皆合用之。

(五)撩

此法與削刀法至為類似。若渾稱之曰削刀。則有不可。蓋削固有削之用。撩固有撩之功也。削刀是用平面刀式。此亦用平面刀式。削之主力左削則左。右削則右。刀至力亦至。是為撩之主力則不然。無論刀之在左在右。而主力則在後。蓋初亦用削刀式。惟不削足。至半途。即將刀往懷中抽帶也。與割稍異。

（六）超 此法爲已械在後。敵人已至。乘勢急攻之法。如右手提刀。刀柄在後。急遽不及盤頭起花乃將右手握刀柄後部反腕使刀口朝上。然後騰步使刀從下泛起徑取敵人。

（七）剪 先將刀向左虛劈一刀。急反腕使刀口向右。再向右平削之。按此係將劈削二勢。合而爲一先右後左亦可。惟須認明先劈後削耳。步法則弓步馬步皆可。

（八）截 此法係混合切削二勢而成亦可左右行之。右截法。先向左方作一切刀。然後將刀從頂門盤至右方沉身矮步。急轉刀口向左。用削刀勢向左猛截之。左截法則反此而行。可類推。

（九）畫 此係抵禦敵人。自衛下路之法。遇盾牌手。滾膛刀等步戰者用之。先將刀尖點地。刀口向右。貫力右畫。至右側方爲止。急轉手使刀口向左。貫力左畫。亦至左側方爲止。如此反覆行之。使步戰者不得近身。俟其變換方法時。再發刀取之。

（十）攔　此係攻人中路之刀法。猛急異常。勢不可禦。先將刀起一盤頭花。乘落下之勢再當面起一旋花、然後平舉其刀如右削刀勢略旋於左猛力向右削去身亦隨刀而轉。一圈者謂之大攔轉半圈者謂之半攔此係右攔若欲左攔勢相同而手之位置略異且勢不如右攔之猛

（十一）梟　此係從下泛上以攻敵人之勢與超略同。惟超帶蓄勢。不盡其力。且完全朝上此則從下向上斜方反劈、全力從事並無蓄勢。如刀在右斜下方。則向左斜上方反劈、刀在左斜下方則向右斜上方反劈勢亦至爲猛烈。可避而不可擋之刀法也

（十二）探　此係順勢取敵之法。無論何刀之末皆可用之。蓋收刀急驟。敵易進近。變換方法旋轉身軀頗感不便故於收刀之前、先將刀尖向前一探。如欲前刺者。使敵閃避。然後可隨心所欲固虛式也。若敵見此探刀而不避。則變虛爲

實前輒亦無不可也。

（十三）捲　此係攻敵下盤之刀法也。用宜於大轉身大盤頭之後、先將刀下沉。身亦俛下刀平置、口向左右手只手拗之。作鷂襠勢然後將刀就地捲去至自己立足處時、左手向地一按、兩足上提。同時刀從足底捲過至原方向時。再用一梟勢梟至左斜上方。左手接刀、另變方式。

（十四）提　此係抵禦敵械之刀法。如我刀下劈以取敵人、敵不以械迎反將其械泛在我刀之上。欲乘勢蓋住我之刀、若不抵禦、則彼用四兩撥我千斤、勢必大吃其虧。故急乘其泛起時。用力將刀提起、向上猛擊其械、使激開之以便乘間進取。

（十五）拖　此勢與拖鎗勢略同、惟左手側掌。右手單握刀柄之中部。刀背略離地。刀口朝上拖之走三步。急用捧刀式（見下）將刀舉起。足下偏作箭步。將右足向後作一半掃堂、乘勢將刀下砍或作一騰步。身向左轉用劈刀勢向左斜

下方猛劈之

（十六）格　此係抵禦敵械之法。凡抵禦之法。不用刀背。卽用刀柄。萬無用刀口之理。此則用柄中之一法。其所用之柄係在兩握手之中間一段。如敵械從左側或右側來我卽豎起手中刀。用刀柄之中段向敵械猛格之。使之宕開。然後設法取之。左來左格。右來右格。一舉手間。旣可自衞。又易取人。誠爲便捷所以使用柄之中段者。以力足也。如量敵人械輕力薄。則可用他法。

（十七）撥　此亦抵禦法之一。不過略與格異。格用刀柄中段。此則用刀柄之末段。格則雙手之力用於一方向。此則如左撥則左手之力點向左。右手之力點向右。右撥反是。此係抵禦下盤來之器械。輕者攻中盤。亦合用之。

（十六）擋　此法雖亦抵禦敵械。而左右皆可行者。與前兩法又不同矣。格用刀柄中段。撥用刀柄末段。此則用刀柄之上半段。法略如撥。惟左擋則右手向左。左手向右。右擋反是。凡上盤來之敵械。皆可 此法抵禦之也。

（十九）架　此亦用刀柄中段禦敵之法。如敵械向我正中頂門上打下。閃避固非易易。而格撥等法。又失其効。故急橫轉自己手中之刀。用中段向上迎架之。敵人必自護其械之刃。不敢輕試也。如能閃避時。則大可不用此法。以免多廢氣力。

（二十）擊　此擊並非用械擊人也。蓋亦自護之一法耳。其法與架相同。惟彼則往上迎架。此則向下擊壓耳。亦用刀柄之中部。餘無大異。按以上二法。如能閃避得過。以不用爲佳。非不得已。莫輕用也。

（廿一）宕　此法與擋法略同。惟彼則刀尖在上。此則刀尖向下。彼則用刀柄上部。此則用刀背中部。左手高舉過頭。右手直挺向前，刀背先向左。以下諸動作。與畫刀勢完全相同。蓋其意在宕開他人之械。而用超刀或梟刀上泛而取敵也。

（廿一）點　此係敵人之短兵。已近我身後。撥之不及。然後刀柄末端上之鑽。向後斜

下方。用力點之。左來左點之。右來右點之。右點則右腳應蹺向左前方。左點則左腳應蹺向右前方。與長鎗法中之殺手第二勢相同

（廿三）拄　此係見敵人用極笨重之兵器、從橫側面攻我下盤。不及避免。而自量實力。又未若敵人之猛、所謂只能智取。不可力敵者是也、然其械既發。萬無自已收回之理。故只有拄之一法以暫擋之耳、所謂拄者、將刀鑽點地、雙手拄其柄。左來則左拄之、右來則右拄之、敵人見有準備。或不肯自傷其刃。收回亦未可知、若徑擊刀柄、一面乘其擊入之勢、一面將鑽略再一點。人即可以騰身遠去矣。惟此法不足爲常法也。危急時。偶然一用之耳。

（廿四）剔　此法專制滾膛刀者。法與滾刀法類似。惟彼則用刀尖。此則用刀鑽。彼則向左右分蕩此則向前後剔括耳其法雙手捧刀。刀尖向上。刀口向外。置正前方。刀鑽離地約一尺許先將鑽子向前斜方略一卓。略進半步。再將鑽用力往前剔去。如敵滾向左。則轉身左剔之。若敵滾向右、則轉身右剔之。務使

隨敵之騰滾而隨時旋轉其方。使敵之法。不能蔽我目。而無所施其技。在彼滾來跳去。固然徒費時間與氣力終未能逞其技。在我守之燕然。來則禦之。去則望之。此所謂以逸待勞者是也。

(廿五)撐　此亦抵抗敵械之一法。合架撥二勢而變化之。握刀之式。完全與撥相同。而用以拒敵之處。則又完全與架同。其功。蓋亦用刀柄之中一段以禦敵也。惟架刀抵禦從上下擊之敵械。此則禦從旁面側擊之敵械。爲不同耳。閱附圖。便可一目瞭然矣。

(廿六)撲　此爲禦敵以後。乘勢攻人之法。先作捧刀勢(詳見下)然後轉身。或左或右。雙手捧刀下劈。兩手同握刀柄之末端。左上右下。先豎直。轉刀口向欲砍之方向。然後下劈。至與脅平爲止。不可只顧往下。若再下則步易鬆。力易盡。而全身動搖矣。如欲將刀提起。非常困難。宜注意及之。

(廿七)背刀　此刀係過門之一。左右劈削刀勢以後。用之最多。餘如切撩梟各勢以後亦有用之者其法右單手提刀。刀口向後。刀柄全部。緊貼後背。略帶斜勢。蓋刀鑽向左斜上方也然左手接住刀柄之末端、向前猛砍末後右手接住刀柄換下變勢。

（廿八）大盤頭　此亦承上接下之法。而兼以混亂敵人之目光。使彼無從窺我意向之所在而不能先事預備亦猶鎗法中之布花。拳法中之有挽勒也。先將右手握刀柄之中部、刀尖向下、刀口向後。然後轉手使刀口向左斜上方、順刀口之方向向上舉起、在頭上自左而右、旋轉一圈、然後變勢取敵、盤頭之後。任變何種方式皆可。並不拘拘於若干種也、其間惟有以勢之不同。變換握刀之手耳。

（廿九）夾花　夾花與盤頭背花等同一用意、並非欲仗此以殺敵制勝者。特亦借此以亂敵人之目光、使不知我於前一刀收囘之後。再換何種方法以取之耳。其法雙手握刀。右前左後、先從右方移至左方。再從左側面往上泛起。落向右下方、更從右後方向後泛起。再落於左下方。如此反覆行之。以三度爲率。注意之點。則在轉腕之靈活。與動作之迅疾。而泛上落下之時、刀口亦須隨之變易方向。如泛起時刀口向上。落下時刀口向下是也。

(卅)單花　此法與上略同、不過單用右手提刀柄末端。使法初亦無異。自右方泛起後。再可從自己頭上作一大圜。再轉手向右。使一捲刀勢。此雖與前各法同。其命意。但寓攻於守。亦可隨時取敵。使人只當是花。而不及提防其襲擊也。

(卅一)大轉身　此亦過門之一。用單手花、或夾花。帶使帶轉。步法用絞花步。惟單手花者。使至第二式時。宜用拖步或連環步。俾使轉身迅速。而勢較猛烈。此乃欲變換方向。偷掉步法時之最適用者。蓋刀一起花。步法卽不易辨認也。

(卅二)捧刀　此爲虛實相映之法。其初式爲朝天一拄香。再變換爲虛懷抱月。其法先雙手握刀、左上右下。抱置左方。刀直豎。口向前。刀柄末端。緊貼脅際。左足蹺起。作一騰步。轉身向後、右足前屈、左足挺直。成躺箭步。手中刀仍置原處、

（一）劈勢

（二）砍勢

（三）切勢

（四）削勢

（五）撩勢

（六）超勢

(七)剪勢

(八)截勢

(九)畫勢

(十)攔勢

（十一）梟勢

（十二）探勢

(十三)撸勢

(十四)提勢

(十五)拖勢

(十六)格勢

（十七）攛勢

（十八）擋勢

（十九）架勢

（二十）擊勢

(廿一) 宕勢

(廿二) 點勢

(廿三) 拄勢

（廿四）剔勢

（廿五）撑勢

（廿六）撲勢

（廿七）背刀勢

（廿八）大轉身勢

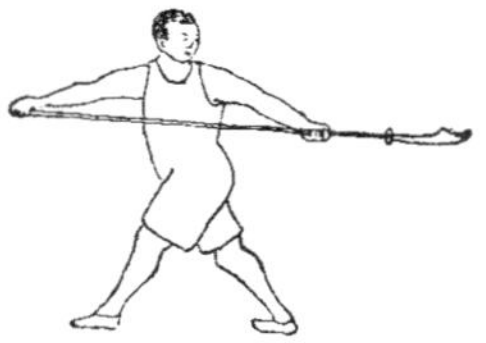

（廿九）捧刀勢

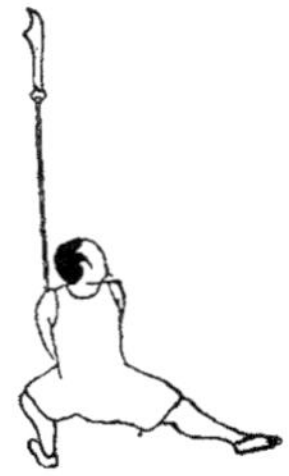

（三十）獻刀勢

十八般武藝全書之五

白猿劍法

（一）劍術之由來

劍之由來最古。大概較槍刀爲早。凡武士等每以一劍自隨。蓋佩帶便利。一旦有警。卽可取用。不至臨事倉遑。故不必定于戰鬥時始佩之也。春秋之世。劍術日昌。造劍之人亦輩出。不憚勞悴。精研造劍之術。汲金煉汞。有數十年而成一劍者。有終其身未成一劍者。甚至如木邪之以身殉者。亦不乏其人。故其時所造之劍。最爲上品。蓋金鐵經數十年之煅煉。則渣滓盡去。精華所會。鋒利自不待言。世傳能斷金切玉。非虛語也。至若謂劍有雌雄。通神靈。能飛騰如龍。於數十里外取人首級。雖正籍亦有載之者。不能說其必無。亦不敢說謂必有也。或云當劍術。專尙擲擊。此說較爲近理。至於用劍之術。近人皆以釋家祕傳。亦屬達摩祖師卓錫嵩山時所首創。考達摩之入中原。在梁武帝大通丁未年。而劍術之創始。則在春秋時。其間相去千餘年。非達摩所創。其理甚明。據考查所得。此術實出道家。白猿翁山居習劍。實爲劍術之祖。故道家人往往以一劍相隨也。其初法因甚簡。只廿四法。後人矜奇。增至百餘手。而其精華所彙。則不脫此二十四法也。至今世所傳之達摩劍刺虎劍等法。皆此中脫胎而出者。達摩或曾取此諸法而加以增損。要亦意中事。若以此卽謂劍術創自達摩。則未免歧誤也。至謂劍術飛行絕跡。駕劍御風。此則惟燒丹煉汞者言之耳。非武道之正宗。不足爲據也。丁茲末世。劍術之不傳久矣。無怪說劍者之矜奇眩異。而習劍者之以訛傳訛耳。武術不振。殊堪浩嘆。茲覓得白猿劍法藏本。敢不錄而出之。以公同好。而爲習此者倡乎今請言練劍之法。

(二)　習劍之注意點

語云劍走靑。刀走黑。蓋刀只一刃。其背較厚。遇敵械而不及避讓時。可以刀背硬格硬擱。背厚而不易損。此所謂走黑也。劍有雙刃。中部有脊。刃薄易損。故用劍者。不准有生格硬擱之弊。此所謂走靑也。劍之爲用。全在數寸劍鋒。卽近劍尖處。故必須能以全力貫注於此。然後始足以言劍術。練劍須懂搶外門法。敵以械來。我抄出其旁用靈活之劍法取之。蓋彼於奮力已完。新力未生之際。欲取我時。必先變換手法。我卽可乘此空隙以制之也。學劍必須心存制人之意。無論任何一法。皆足以制人。隨機應變。要在用劍者之神明變化耳。劍之手法交替之時。或攻人之後。變爲退避。或轉退爲攻。其間啣接之處。必有過門。此過門卽所謂挽花是也。凡人必於拳術得其門徑。然後可以學劍。否則三尺在手。非但不得其用。而身體傾欹。步伐失措。不足以制人。反以此自賊。此最須注意者也。劍之步法。注重斜出。蓋旣不許生格硬擱。則惟有搶外門一法。寓攻於避。搶外門須用斜步。故宜注意。且劍法中之步伐。雖有一定法則。然不可過於拘泥。須先審察敵勢如何。而定我之所向。則步法卽隨之而變。若一成不變。則失翔動之旨矣。古人云劍爲短兵之帥。形如飛鳳。又謂槍劄一綫。劍走一偏。此其意主劍爲最短兵中之最翔動者。故學劍者。身不可呆。手不可鈍。目不可滯。步不可遲。能如此則劍術翔動之意盡矣。否則如犯其一弊。則因一而廢百。學劍者須知翔動之旨。又云短見長。不用忙。言其苟能得法。敵雖以長兵攻我。我只須一進步乘虛而入。則敵械己在我身後。非其凶鋒可以能傷我矣。而我反閒裕而攻之。故械之長短。無關於勝負。要在其善用與不善用耳。用劍之法。全在乎敏疾。切不可有絲毫牽强。且以扚勁爲上乘。反掌及肘。皆扚勁。宜格外注意而熟習之。以上所述。皆習劍者必須知之事。不容忽視者也。

(三) 劍之四法

劍有四法。卽擊、刺、格、洗、是也。擊有直擊橫擊斜擊撩擊等。直擊係從上斬下。橫擊爲攔腰取敵。斜擊則轉身斜殺撩擊則由後方從下撩上。或從左撩右。反身撩取。則謂之反撩。刺法分上中下三部。挽逆花。乘其末勢取人咽喉太陽穴者。謂之上刺。先曲肘捧劍。然後乘其曲勢而刺出。取人腰部胸部者。謂之中刺。挽順花而反掌下插。取人之臀髁等部者。謂之下刺。格法爲禦敵之法。卽捍阻他人之械。使不能傷我也。有上格旁格之分。如敵械從上而下。我卽以近劍托處向上格之。此爲上格。如敵械從旁而至。我卽以近劍托向敵械來處格之。此爲旁格。惟格宜用平面劍。以劍脊行之。不許用劍刃。且格不過暫時阻止敵械之近我。並不必梟去敵械。故絕不許有生格硬攔之弊。略一阻止。卽可走斜步。搶外門以取敵矣。洗法亦宕開敲械之一法。故無論任何一劍起手時。必先挽花。挽花卽洗去敵械之意也。挽花之法有六。平面花、立花、順花、逆花、當前花、旁花是也。平面花如桌面。立花如車輪。立花亦有順逆之分。順勢立花。則劍從左方自下向取方向挑起。至右上方爲止。逆勢立花則自左下方向右挑起。至左上方爲止。當前花挽圜由右下掠過左上捲。旁花之順者由前而下。從後泛起。逆者從後而下。向前泛起。挽花雖空畫一圜。其妙用實多。捲去敵械。擾亂目光等事。實其易見者。其妙處則在於虛實相映。攻守並行。可以意會而不可以言傳。熟習之要能得耳。

（四） 白猿二十四法之主要動作

白猿翁所傳之劍術。共二十四法。雖簡而用意實深。包羅萬象。有此二十四法。已足夠有餘。不必更多也。語云在精而不在多。我於白猿劍法。亦作如是觀。蓋此二十四法。實開劍術之先河。謂之爲先天劍術。亦無不可。後之人如得此法而熟習之。變化萬端。神妙不測。其餘如達摩刺虎等之劍法。皆自鄶而下。不足學矣。蓋彼之繁複重疊。至百餘劍之多者。亦何莫非自此二十四法而脫胎以出者乎。且是等劍法。今世亦已人各異傳。傳各異法。難免其非後世之略諳武術者。所任意編造。而假托前人之名而欺世者。轉輾相傳。隨至以訛傳訛耳。此白猿劍二十四法之所以爲世貴而不易得也。所謂二十四法者維何。曰扣訣、飛鶴穿雲。野馬分鬃。探海求珠。迴身摘果。朝天一柱香。擒龍勢。伏虎勢。燕子穿簾。仙鶴探頸。驪珠獨探。餓虎吞羊。掃蕩羣魔。白虹貫日。古樹盤根。橫江飛渡。背劍勢。白蛇吐信。斜飛勢。鴿子翻身。仙人指路。獨劈華山。白鶴亮翅。抱虎歸山。是也。練習之時先須按勢練習。不可貪多。不可務速。以按步就班爲是不必斤斤於一劍之如何。一法之如何。猶兒童讀書必先認字。然後讀成章之書。末後才可使之作文。劍法之按勢練習。猶識方字也。連續練習猶讀成章之書也。持劍應敵。猶作文也。若欲躐等。其能有成者。我未之信也。故初宜熟習各法。然後連續行之。更須於身手眼步四法。特加注意。四法既正確無誤矣。乃盡心以求其翔動敏捷。學劍時於此外更須注意到每一劍之用處。而含有劍之制人之意。即獨習時。亦須視爲强敵在前而極思制敵之法。能若是則其成功也。其庶幾乎。茲將圖說附之於後。

（一） 扣訣

全身南向直立。兩足緊並。右手握劍。左手扣訣。式如下圖。

（二） 飛鶴穿雲

右足前進一步。略一蹝脚。劍卽在右腰下。囘鋒向前沖刺。式如下圖。

（三） 野馬分鬃

轉身向北。足作馬步。從下向後挽花。鋒向正東。斬至平膀式如下圖。

（四） 探海求珠

轉身向西。劍從右外方挽側面花。收劍至胸際。然後向前下方斜刺。式如下圖。

（五） 迴身摘果

左足前進一踩脚。作弓步。垂鋒指東方。隨全體之轉抝勢由下撩上。平膀西出。式如下圖。

（六）朝天一柱香

依上式進步轉身。迴鋒向下。全身直立。劍尖向前左訣上指。式如下圖。

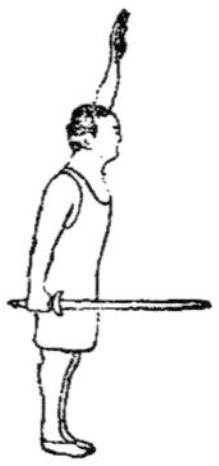

（七）擒龍勢

進步鋒轉。右足下曲。左足前躺。同時劍挽側面花，囘鋒下指。式如下圖。

（八） 伏虎勢

身向右轉。左足攏後下跪。劍挽平面花。由下上撩。過項門向右斬下。式如下圖。

（九） 燕子穿簾

從右轉身。劍順勢宕下泛向前面。向上逆刺。全身直立。式如下圖。

（十）　仙鶴探頸

右足進爲弓步。劍順勢下斬頭。右向同左訣向左上方直指。式如下圖。

（十一）　驪珠獨探

右足立直。左足上提。劍側面平花。向左斜上方探刺。式如下圖。

（十二）餓虎吞羊

左足向後斜撐。右足曲膝下蹲。劍先斜上沖。然後下斬。式如下圖。

（十三）掃蕩羣魔

左足向後通掃。轉身向東。右膝下曲。左腿躺直。劍向外側起平面大花。迴鋒下指。式如下圖。

（十四） 白虹貫日

左足直立。右腿上挑。劍向內挽一平花。收靶及胸。然後前刺。式如下圖。

（十五） 古樹盤根

右足踏前一步。左足向後絞進一步。劍挽當面大平花。向東斬出。式如下圖

（十六） 橫江飛渡

轉身右足進一步成弓步。同時垂鋒使劍與右臂相平。冋鋒向西平刺。式如下圖。

（十七） 背劍勢

右足直立。左足後提。右手舉劍後出。刃外向。平置頭上約離三四寸。式如下圖。

（十八）　白蛇吐信

踩足轉身。劍起盤頭平面花。至頂門時。轉手迴鋒下指。左訣後出。式如下圖。

（十九）　斜飛勢

身轉向前。變右前弓步爲右側弓步。劍從下泛起過右肩後。向左上方一提。然後下刺。式如下圖。

（二十）鷂子翻身

劍向右斜下方起側面花。同時向左轉身。變弓步爲馬步。劍向右豎直平斬。左訣亦平出。式如下圖。

（二十一）二龍戲珠

向左轉身。右足進爲弓步。劍挽右平面花前刺。左訣後出。式如下圖。

（二十二） 獨劈華山

向左轉身。左足略收作騎步。雙手把劍透向頂後刃向上下、蓄勢下劈式如下圖。

（二十三） 白鶴亮翅

左足踏進一步、從右轉身、變爲馬步。劍從下撩而右斜上方、式如下圖、

（二十四） 抱虎歸山

左足直立。右足前提。劍挽花收入懷中。左訣舉頭上。右指。式如下圖。然後手垂足並、復第一勢、

十八般武藝全書之六

長矛法

長矛之考證

矛爲兵刃中最長之物。故有丈八蛇矛之稱。惟所謂丈八者。以周尺計之。合今之通用尺一丈四尺有奇。以此推之。則矛之由來。實在周代。或周代以前。來歷亦甚悠久。惟當時戰術未精。各種兵刃使用之法。亦極簡單。非若後之武術。以繁取勝。以多矜奇也。車戰時代。兩陣相對極遠。非長兵不能及。故利用鎗矛以爲進攻之具。而佐之以箭弩。矛之所以長丈八者。亦由於是。至馬戰時代。矛已覺其太長。不免有周轉不靈之病。故用矛者已不若用鎗者之多矣。以迄近代。火器盛行。古兵刃淘汰殆盡。卽習武者亦類多不知矛之使法。不若刀鎗等法。尙未絕傳也。茲在舊書攤上得抄本一。題曰長矛八法。

想係古之有心人。圖繪以示後人者。考其使用之法。與長鎗略同。鎗中有八母鎗。蓋卽脫胎於此。鎗出於矛。其信然也。

長矛之構造

矛之爲物。純以鐵鑄。桿長一丈六尺有奇。矛頭約占一尺二寸。形與鎗尖逈異。扁平形。兩面有刃。全體左右彎曲。如蛇之行動狀。中部有脊。自根至尖。亦隨之而彎曲。所謂蛇矛者。蓋以其形似也。此外又有種種變相之長矛。如頭作三棱式者爲鐵鎗。無纓而頭連於桿者爲苗子。矛頭左右各置一鉤。一上而一下者爲撇。架方勝於矛頭。而增至七刃者爲畫戟。皆轉輾變化。實則皆矛之變化也。惟形式各各不同。形式不同。而使用之法。亦隨之而異。各就其便而利用之。迄之今日。鎗戟之法猶未湮沒。而先進之長矛。反無人能得其傳矣。

矛之功能

矛之長既如是。使用之時。苟無實力以臨之。八法以佐之。則持矛在手。非但感周轉不靈之苦。甚且不知其所用。卽善是者。車馬之上。能得心應手。架格攻刺。毫無錯亂。一旦身立平地。亦且如虎入平原。無以見其所長。故矛之功能。實遠不如刀鎗之便利，惟用以冲殺或埋伏叢莽。以襲取敵人。桿長鋒利。大可以奏奇功。攻城守城。皆可用以爲攻殺之具。以補弓矢之不及。至若尋常單人對敵時。頗不適用。因矛重而長。既費實力。尤須用長於短。不易得勝利。略一疏忽。卽爲人所乘。若遇用短刀盾牌之敵。則跳躑如猿。來去如風。用矛者更爲受制。矛之功能如此。後人之棄而不習者。殆以是也。

矛之使用法

用矛之法。第一須有實力。蓋一矛之重。至少有三四十斤。力弱者必不能舉。非若鎗桿以木製之輕而易舉也。實力之外。體長亦須相稱。若身體過短。雖有實力。亦不便使用。如侏儒弄棍。周轉不靈。徒博人笑耳。實力既具。體量相稱。始可以習矛。矛法雖不多。而攻禦悉具。苟能熟習而精究之。則變化無窮。故尤須以靈活之手法。變法敏捷，使敵人不易揣側。而我可以轉手取勝。若手眼遲鈍。敵人之械。得乘間進我之門。搶我之中後二路。非但受其牽掣。卽抵禦之力。亦完全失却。蓋長兵最忌敵械之入其拳門。一入門則我之勢已全破。除急退之外無別法可禦。矛乃兵刃中之最長。尤引爲大忌。故非手眼敏捷而實力充足者。不能用也。矛法共八。爲刺，宕，蓋，挑，掃，打，撥，截。刺法有直刺，橫刺，順刺，逆刺，四種。與鎗法中刺法完全相同。順刺卽右刺鎗。逆刺卽回馬鎗。宕爲虛實相映之法。蓋法則如大刀中之砍劈。與長鎗中之壓迫各勢。亦略相似。挑法與鎗同。掃法則如棍法中之地龍。打法如棍法中之秦王跨劍及挾衫勢等。與鎗法中殺手鎗第二勢。亦正相同。撥截兩勢完全與鎗法同。但其間不同之處。因鎗桿短而矛桿長。執手之處。地位亦須變易。大概在矛桿後面之手。須離末端三四尺。前面之手。相距亦約三四尺。鎗法皆用陰陽手。(卽和合手)一俯一仰。掌心相對。矛雖於挑刺等法。亦用陰陽手。而蓋掃等法。則用純陽手或純陰手。此則又略異於鎗矣。且鎗之攻人。主動挑刺。矛則挑刺宕打。並用而無所軒輊。茲將八法繪圖說明於下。俾習武者。得窺十八般武藝之全豹。而靡缺陷云耳。

(一) 刺法

刺法與鎗同。雙手舉矛。前刺者爲直刺。隻手舉矛。向旁側刺者爲橫刺。敵在吾前。用矛向正面攻擊者爲順刺。敵在吾後。用矛向後側方攻擊者爲逆刺。矛桿鐵製。不能布花。起矛時宜將矛尖左右微幌。以足其力。以亂敵之意。其式如下圖。

（二） 宕

此爲攻人時。見敵人用械來格。故將自已之矛宕開。示以將變換攻擊之法。敵必收轉其械。轉取攻勢。我卽可乘此用矛桿橫敲之。故曰此爲虛實相映法。此法各勢之後。皆可行之。既省力。又敏捷。敵人往往不備。而爲我所算。矛中最利之法也。其勢如下圖。

（三）蓋

蓋者。自上蓋下之謂。鎗中無此法。蓋非兵刃沉重。不能收蓋之功効。矛桿沉重。故有此法。起手時。先作一盤頭鎗勢。握矛之手。右前左後。乘盤頭之餘勢。竭力下蓋。取敵之項門。矛桿之末端。則置於左腰後之斜下方。此爲猛攻法。敵如力弱。則靡有不敗者。勢如下圖。

(四) 挑

此法先使矛頭向下。隻手舉矛。將矛尖略作一幌。再向前斜下方一刺。然後反掌將矛拗起。極力上挑。以取敵人中上二部。所以須先空刺一矛者。以足其勢耳。且一挑不中。並可連挑。如鎗法中之鳳凰三點頭然。惟從下泛起時。須加二敏疾。不可遲鈍。勢如下圖。

（五）掃

此法專攻人下三路。先將矛起一大盤頭。追至右斜上方時。卽運足全力將矛壓下。從右橫掃過去以取敵之下盤。勢如拳術之有掃膛腿。鎗之有掃鎗。棍之有鐵掃帚也。勢如下圖。

（六） 打

此法純用矛桿。無一定之門路。但視其順手耳。完全與棍法相同。如直刺之後。宜用桿末左打。宕矛之後。宜用桿端右打。挑矛之後。宜用桿端側打等。如取其便耳。鎗法所以輕打重刺者。以桿非鐵製也。然亦間或用之。猶不失本來面目也。勢如下圖。

（七）撥

此爲虛實互用。攻禦並行之法。敵械來時。我用矛撥之。左來左撥。右來右撥。撥過之後。卽可乘機直入。轉爲攻勢。與鎗法中之撥法。完全相同。可以參照。勢如下圖。

（八） 截

此爲攻人中三路之矛法。與大刀法中之截剪二法。互有相似處。與掃矛亦相彷。惟彼則攻人下部。此則中部彼無還手。此有還手耳。先亦起盤頭。然後橫截敵人腰部。矛至左方時。即反手再向右回截。統計比掃多一手。勢如下圖

十八般武藝全書之七

盾牌法

(一) 盾之由來

盾、亦爲古兵器。其發明也。較弓箭爲後。且竟謂爲因有弓箭之後。始有盾牌。亦無不可。弓箭之用。既能殺人於百步或數步之外。其利用較之長矛大戟。止能於對面取人者。固不可以同日語。而戰爭之時。利用之者日多一日。惟雙方如用弓箭以爲戰。實不啻以命相搏。有智者出。知人之皮膚。終不能敵箭之鋒利。而死命相搏。尤非戰爭之道。必也得一物以抵抗之。剋制之。使箭失其効用。然後可以自護而取人。甲胄之堅。不足以禦箭也。兵刃之利。不足以擋箭也。於是乎盾牌之法尚矣。盾之制。不知始於何時。但以其功効言之。一定有弓箭以後。始有之也。按時代推之。當在春秋之世。當時之有盾。不過專爲抵禦敵人之弓箭者。後世稱之曰擋箭牌。其取義至爲明顯。護身禦敵。誠足以傲諸兵刃而有餘矣。蓋非特不能傷盾之毫釐。即其他一切兵刃。亦不難爲於盾。自盾之出。而各武器。咸斂其鋒芒。而爭相習尚矣。惟當時止用以擋禦。極爲呆滯、此非盾之不良。實因無靈妙敏捷之法以運用耳、其後逐漸演進。施用亦漸得法。至漢而盾法昌明。習者亦多。非但足以自衛。抑亦可以攻人、其成効乃大著於世。光武部將馬武。有弁目數十人。皆擅盾牌。每戰輒先軀衝鋒陷陣、所向無敵。矢石如雨。不能傷其毫髮。大小數十戰。累建奇功此可見盾之爲功。非但自衛已也。當前之堅甲利兵。破之如催枯拉朽耳。其後人知此物實爲戰爭利器。爲將者且於一軍中挑選精銳。專練盾牌。另行編爲一隊、以爲戰爭時之用。亦有全軍習此者盾之見重於世也如此。累世相傳。以至於清中葉。尚有馮子才劉永福所部之盾牌軍。數與外人戰。皆賴此以取勝。雖外人礮火之猛。鎗械之精。無所懼也。後竟爲列强所忌、由海牙和平會禁止編練。盾牌軍隊從此絕滅。殊堪痛惜。今茲已無復擅此者矣

(二) 盾牌之構造

盾高二尺闊二尺有奇長圓形中突而四周內凹。如龜背形。亦如一淺鍋。盾背有一挽手。以堅韌之木爲之裝置於盾後之突出處名曰盾。以其形似象鼻也盾之全體皆以籐製故亦曰籐牌惟製盾之籐須選其粗細適中而堅實無傷者先入油中浸之。隔數月取出置陰處使其油逐漸入籐裏不可於烈日中曝曬。因一曝曬則油爲日光所蒸發。不能深入矣。待其乾後夜間置露天露之一二日後再入油浸。浸後復陰乾復露。如是數次。其籐已可用再行挑選。將略次之籐提出劈之爲片。然後以純粹爲經而以籐片爲緯依式編織之從中起向外盤繞。先將盾鼻穿牢。然後愈編愈大。至所定之尺寸爲止。惟籐片須將爲經之整籐編織完密。不可使外面看得出整籐。否則編排不密。一遇利器所中。必易破壞。此盾人所最當注意者也。

(三) 盾之功能

盾之爲功。摧堅折銳。上文已約略言之矣。惟盾於自衛攻人之外。尤有特別之功用。卽
渡水與露宿是也。盾以籐製。籐之爲物輕而浮。更加以油浸之功。及盾之編排完密。故
置之水中。竟如小舟之浮起。載一人之重量。猶有餘裕。故用盾之人。如遇前面有河流
阻住。卽可以盾爲船。安然而渡。正可免覓舟涉之勞矣。惟大河中風波險惡。究以面積
太小。不易渡耳。若全軍於追亡逐北時。得此一渡。功亦不小也。至於露宿一事。本爲兵
家之常。惟就地偃臥。一則難避毒蛇猛獸之侵凌。二則易爲敵人所見。頗感苦痛。若盾
牌軍則不然。就地臥則以盾覆於身蜷臥其中。既免霜露之侵。而遙望之宛如壘壘荒
邱。不易辨識。敵人無從窺測其底蘊。洵甚安穩者也。且叢林深樹間。盾軍更可以皮繩
穿盾鼻、懸盾於樹。人卽可蜷臥其中。益樹葉之籠罩。更非敵人所能探其行踪。其功用
誠不可測也。至若戰爭時之衝鋒陷陣。所向無前。則又其功能之顯著。而人人能言之

者也。惟盾亦有所畏即火攻是也。蓋籐已易燃而多年油浸之籐其易燃也不待言矣。籐牌一遇火。立時燃燒。不易撲滅。即無法可救矣。故盾軍一見火攻。必立時退去深畏之也。舍此則無懼無敵矣生剋之道於此見明之

(四) 盾之練習法

習盾之法。非易言也。第一非先使身體輕靈。盡騰挪跌撲之能。然後臨之以實力。故習盾必自幼行之。及壯可望其有成。蓋幼孩身輕而靈活。跳躑騰挪。乃其天賦之機能。年漸長。而此種機能漸減。故人愈大而體愈呆滯也。盾法主靈活。須騰如飛隼。跳若獼猴。就地旋滾如狡兔。撲人如餓虎。前後左右。兔起鶻落。斯盾之能事。故必於幼時練習之。始有希望、若年齒稍長。體呆骨硬。雖練難成也。練習之初步。先用最普通之法。如尋常武師之教徒。先令小孩作翻筋斗。反躬托地等使筋骨柔韌之法。若小孩在五歲以下者，宜用按摩法以老其筋骨。即世傳之胎功是也。如此每日行之。不必求速。求速則小

孩力不能勝。必受賊害。第二步則以騰躍跌撲滚擋諸術。漸次授之。使之熟習。至此須稍嚴厲。因其年已略長。筋骨亦已堅固。不至復有受傷之患。待以上諸術。一一精嫻神化後。再授之盾。使挽盾依法行之。亦能任意所之。然後授以刀法。至此而單獨之練習終止。而實地試驗於以開始。蓋恐其但習成而不能實用。十年苦功。徒然無濟。豈不可惜。故必使之實習戰法而增其經驗。實習之法。先於廣場上釘立無數木樁。犬牙錯落。並無次序。使習者使動刀牌。旋滚其間。身牌刀俱不准稍與樁擋。東西前後。旋滚不已。有二樁向離只尺許者。亦須滚過。行之熟矣。然後命之將所過處之木樁。一一拔去之。旋滚時。且不許稍減其速率。此既能之矣。然後由一武師乘馬持兵。與之作戰。習盾者。須盡其技而演習之。熟習之後。由一人增至數人圍攻之。至無懈可擊。而其術大成矣。故一盾之成須數年。一人學成須十數年。然後始可出而臨陣。實難於其他兵刃之成功倍蓰也。我故曰盾之用固利。盾之學。固不易也。世之習武術者。奈何視盾爲廢物。而不知重視也。

(五) 刀牌十八法

習盾者。必附以一刀。刀以制人。盾以自衛。互相利用。如手之附臂。指之附手。不可須臾離開。離則各失其用。不足有爲矣。刀牌之法。共十八路。刀法則有砍、削、撩、刺、劈、剪、勒、捲、挑、等九法。其施用法。已於大刀法中詳述之。惟此係用短刀者。其間略有不同。於下圖中說明之。盾法則有騰、躍、撲、滾、擋、伏、竄、踔、蹲、等九法。刀法簡而易學。盾法實難。非身體靈活不可也。所謂騰者。向上冲躍也。此宜用劈刀以取敵。所謂躍者。本盾之主要動作前後左右。任意跳躍也。宜用撩刀削刀法以取敵。撲者先騰起身軀。然後撲敵也。宜用刺刀挑刀以取敵。滾者卽以盾護身。就地翻滾。宜用捲刀法以取敵。擋者以盾護前。向敵擊擋。宜用砍刀法以取敵。伏者以盾覆身。全體蜷伏其中。刀亦藏於內。竄者乘敵械挑撥我之勢。向旁側躍出也。宜用剪勒法以攻敵旁面。踔者須騰躍過敵人之項。而落於彼方也。先宜用劈。落地後宜用削撩刺諸法。相機而用。不必拘泥也。蹲鴛騰躍踔竄之起勢。亦以禦敵械也。蹲身於地。身較盾略低。置盾之方向。則視敵械之來方而定之。總之。刀牌十八法。不啻全係攻人之家數。所以不用遮攔鈎格等者。以有盾爲護。無慮敵人之算。若敵械來。以一盾當之足矣。右手之刀。乘空可以取人。雙方並進。攻禦並施。此絕之所以能無敵也。再用盾之人。最易取人上下二盤。攻人中盤者絕少。蓋其法固就地及騰空時爲多。惟撲擴二法。攻中盤耳。下盤取足，上盤取首。騰挪跳躑。不離左右。已不可制。若馬將遇之。既須護馬。又須護人。已疲於奔命。更無餘暇以攻之。取勝更不待言矣。故盾牌於馬戰時代。極爲軍事所倚重。法雖簡而功實偉也。

一法足　騰

騰先須蹲身蓄勢足尖點地。右肘曲向後方。左手之牌亦須着地用力下按。然後身向後欹。右腕肘及兩踵同時着地。用力向下一捺。乘勢騰起。始能高躍。否則無勢可乘。不易上躍。即躍起亦力薄而距低。不足以制人。反因之而招侮此不可不注意者也。其式如一二兩圖

(一) 蓄勢

(二) 上躍

盾法二　躍

躍與騰完全不同騰上沖。躍則向任何方向平面躍出也起勢亦不同騰須先作蹲勢。躍則不然。或將盾與右腕。向躍出之相對方向。輕輕一點。卽乘反動之勢躍出。或借敵人攻我之力。略將身上提。卽可躍出。此則較爲省力。躍法前後左右。皆可行之。不必有一定之方向與滾略同其式如第三圖。

(三)　起勢

盾法三　撲

撲法須先騰身使高過敵人之頂。固須先騰。然後可以下撲。故其起勢兼蹲騰二法。式見第一第二兩圖。騰起後。急收足於上。反身向斜下方撲敵。順勢用刀攻敵之中盤。與搶背法大同小異。下撲時。全身之力萃於盾。若敵避迅疾。落地後卽須起滾。否則易受人算。撲勢如第四圖。

(四)撲

盾法四　滾

滾之一法。盾中用之最繁。無論何危險。皆可借一滾之力而避之。故任何勢之後。皆可繼之以滾、惟滾時往往亦夾雜以躍。兩相借力也。滾先以盾面着地、不論左右。只須順就滾。盾在下時。則盾面着力。盾在上時。則肩背與肘着力、滾時宜鬆足。如猴拳之臥石數星式。刀平置背後、其式如第五圖。

（五）滾法正

盾法五　撞

撞亦躍之一種。不過躍追避撞爲攻擊。功用不同耳。撞之起勢與躍同先覘敵之所在。然後舉盾用全力撞之。蓋以盾攻人之法也。同時右手之刀。亦可用撩刺法以取敵之中盤。若敵避過。宜連躍或滾以避之。若一疎忽受其算矣。其式如第六圖。

(六)　撞

盾法六　伏

此爲禦敵之法。如我正攻人。而敵械迅至。將及於我。遠避又不及。宜用伏以擋之。所謂伏者。將身側臥於地。蜷踞其躬。覆盾於上。縱敵械猛烈。亦決不至損其毫髮。擋去敵械之後。再用滾躍騰撲等法以攻敵。故曰此禦法也。其式如第七圖。

(七)　伏

盾法七　竄

竄與躍略同。惟彼則攻人。此則避敵。且竄亦可上下。不必拘泥於手也。其勢都借敵人刺撥之力。因之而上下左右。甚且竄入馬腹。或旋繞敵而盤轉如風車。以亂敵人之目光。較平躍爲難。馬戰之時。於盾法中最畏此法。其式如第八圖。

(八)　竄

盾法八　踔

踔踰越也。卽越過敵人頭頂之謂也。此在盾法，爲攻取上盤之勢。勢甚猛而不易擋避。其起勢與撲相同。亦用蹲騰二勢。詳一二圖。然後上踔。不過撲則卽在正面。並不踰過敵頭。此則須踰過敵人頭部。然後用劈砍等刀法。以攻其背面使不及防。式如第九圖。

（九）踔

盾法九　蹲

豎左手之盾於地。盾面向敵刃來處。右手以刀柄拄地。兩足作寒雞步。身體下沉。頭部出至眼鼻間。以瞻敵勢。此爲暫避之計。亦誘敵之法。蓋敵若來攻。卽可變爲別種家數而取之也。其式見第一圖。

十八般武藝全書之八

板斧法

斧之考證

斧之由來。與戈矛同時。亦爲古仗之一。黃帝時卽有斧鉞之名。在當時非但用爲兵器。抑且用爲刑罰之具。刑書釋名載。黃帝五刑。四曰斧鉞。按五刑卽甲兵、刀鋸、鑽鑿、斧鉞、鞭扑、是也。由此推之。則斧之始於黃帝時也。其理甚明。惟當時並無所謂三十六法。對敵時不過亂砍亂劈而已。迄漢時。南中蠻人創斧法。亦如鎗法之創於武吃氏而流入中原者。惟始創者之爲何人。則不可考據矣。其法初亦無三十六手之多。後之武師。從而增益之。使變化不測。成爲戰陣之利器。故今傳板斧有三十六法也。

斧之構造

斧之爲物。純以鐵製。桿長一丈二尺。斧口成半月形。徑約一尺有半。向後漸狹。最後端作方錐形。約六七寸見方。每斧之重。自五六十斤以至百餘斤不等。此器非孔武多力者不能掄舞。此器惟斧口較薄。蓋砍斫時。非鋒利不足制人也。除此之外。則漸後漸厚。直至斧腦。已成六七方寸之錐形也。其所以如此者。要亦有故。因其口闊而長。若肥薄卽容易擺折。且斧腦成錐形。尤可乘機攻人。以補斧口斧桿之不及。古人云。用斧之將。不可力敵。蓋深知大斧之猛勇。而易敵也。大斧之外。又有雙板斧。雙斧柄短而略輕。步將多用之。至其使用之法。尤不能脫此三十法。蓋雙斧卽單斧之變相。法亦由此而脫胎者也。其餘若宣花斧、開山斧、等等。不過名稱之不同。形式之稍異。至於掄舞之法。終脫不了此三十六手。卽略有變換。其根本固猶是也。故我謂能熟習此三十六手。斧之神妙盡矣。

斧之使用法

斧在武器中最爲重。較鐵桿長矛。猶有過之。故習斧者。以實力爲主。佐以敏捷之身手。始足與言三十六法。否則體呆力弱。必不勝任。體之呆笨。雖易受人暗算。然猶可補救。若膂力則全係胎生。雖久練亦可以略强。但終不及胎力之充足。故習斧者。身體略爲呆滯。還可免强從事。若實力不充者。械不能舉。遑言斧法。斧之得力處。在於口腦二處。間亦用桿。斧口鋒利。利於砍劈。故其法略同於刀。斧腦堅厚。利於擊打。故其法又略類乎錘。用斧之人。宜貫其全神於口腦二處。對敵之時。不宜使敵械着我之刃。此各種有刃之兵器皆然。別種兵器。往往因此而閃避。惟斧則不必。遇敵械來傷我刃時。但須一轉手。移其斧腦以待敵械。非但刃可不傷。且可以乘勢攻敵。甚覺便利。斧與刀雖間有相同之處。刀刃究薄於斧。故雖在砍劈之時。不能用全力。猶須有蓄勢。斧則可以全力臨之。即遇將傷刃時。輕輕用一反掌。變爲斧腦攻擊。不必大費周折。變換方式也。故我謂實力充足之人。寧用板斧而不用刀。習斧者宜先預測自己之實力如何。如我膂力百斤。則五十斤之斧。可以用之裕如。不可再重。若二百斤力則可用百斤之斧。若力弱勉强行之。必至諸弊叢生。甚或戕賊其身。此又習斧者所不可不注者也。

三十六法之順序

板斧總數。雖有三十六。但其間重複之處亦正不少。如刀鎗法中之有一法數用者。綜其各種門路。亦止十九勢。融合變化。參酌便利。足成一路。而其間之大盤頭。轉手等法。則爲二勢啣接處之接筍。用之尤多。亦正如刀中之盤頭。槍劍中起花也。其餘如鳳凰展翅。虎尾剪等亦屢見叠。皆接勢。所謂因地置宜也。茲將全路之名目列舉於下。

(一)起勢　(二)鳳凰單展翅　(三)秋風掃葉　(四)獨劈華山　(五)虎尾剪　(六)鞭捶　(七)老馬奔槽　(八)攔腰搥　(九)橫江飛渡　(十)殺斧　(十一)鳳凰展翅　(十二)枯樹盤根　(十三)莊家劈柴　(十四)野馬分鬃　(十

五)虎尾剪　(十六)三花蓋頂　(十七)順宿搥　(十八)鴿子翻身　(十九)二郎担山　(二十)鞭搥　(二十一)虎尾剪　(二十二)獨劈華山　(二十三)雷鉞劈木　(二十四)橫江飛渡　(二十五)冲搥　(二十六)只手飛砣　(二十七)鳳凰單展翅　(二十八)攔腰搥　(二十九)野馬分鬃　(三十)老馬奔槽　(三十一)殺斧　(三十二)餓虎撲羊　(三十三)老漁撒網　(三十四)獅子大張口　(三十五)三花蓋頂　(三十六)二郎担山

一、起勢

人體直立。兩足相並。左手下垂。右手握斧。斧柄卓立於右足之前方。雙目前注。然後舉左手同握斧柄。作一盤頭。斧口向左右一宕。成跨馬勢。此時斧平舉於前方。斧口向左。斧腦向右。兩手作陰陽勢。右前左後。此爲下一手蓄勢。式如下圖。

二、鳳凰單展翅

依上圖之勢。將斧先向左横劈。至與左腰成平行線時。泛向上方。作一大盤頭。落下時斧口再向左一宕。然後轉手使斧口向右。同時斧向右宕出。與右成平行線時。斧泛上向後起一反盤頭。釋去左手。用只手向右斜下方用力砍去。略如提斧式。斧頭向下。斧桿居後。勢如下圖。

三、秋風掃葉

此勢亦如拳術中之地陣相似。爲攻人下盤之法。依前式將斧從右提起。至與肩平。先向右上方横掃一斧。此爲虛着。然後從左方折下。向右盡力一掃使人不及防範。至自己立足處時。以手托地。足騰空讓過斧桿。桿過手足急還原。斧亦仍至左方勢如下圖。

四、獨劈華山

此爲正中下劈之勢。亦如大刀之有砍。長矛之有蓋也。專攻敵人頂門。依前勢。將斧提起。作一大盤頭。迨斧頭舉至自己頂上時。急將握在前面之右手退下與左手相近。雙手掄斧。用十二分氣力。從正中往下劈去。斧法中以此爲最猛之勢。殊不易當。勢如下圖。

五、虎尾剪

此與大刀法中之剪法略相同。惟用斧口剪後。反手轉身。更以斧桿向後橫掃。依前勢先將斧向右宕開。轉手向左劏去。再轉手向右劏。此爲正剪。待斧至右側時。再起一盤頭。同時轉身往左。盤頭斧落至胸際時。順勢用斧桿向左用力橫掃。再勒回又掃。此爲虎尾。勢如下圖。

六、鞭捶

此法亦用桿擊如長鎗法」之殺手鎗第二勢相同。蓋乘虎尾剪之餘勢順手襲擊耳。依上勢不必收轉斧桿。只須右手轉腕向內。用斧桿向右擊。至正向與左肩平。不似掃之須宕至側方也。掃擊之分。除此外。則掃可盡勢。擊須蓄勢。習者宜注意。勢如下圖。

七、老馬奔槽

此爲斜劈勢。與大刀之砍法相同。無論左右。皆可行之。依上勢起盤頭。斧至右上方而向左下方劈去者。謂之左劈。斧至左上方而向右下方劈去者。謂之右劈。各依其便利而行之。劈時平口帶斜。與獨劈華山勢之正中劈下不同。勢如下圖。

八、攔腰鎚

此勢與秋風掃葉及鞭捶各有相同之處。惟掃攻下盤。無著勢。鞭捶兼攻上中兩盤。隨手應用。視敵人之身軀而定。攔腰鎚則專攻人中盤。其的在腰、須敵人與我作同一之步位時、方可用此法、不似鞭攔腰捶之能就便使用也。起手亦先作盤頭餘勢與鞭捶圖、勢如下圖。

九、橫江飛渡

此爲上勢之轉手攻敵法。與秋風掃葉勢同。亦用斧口爲主力。取敵中路。依上式急轉手、起盤頭花。掉過斧口、待斧至左斜上方時。即直下。同時收右手於柄末。竭力向左中部截去。須敏疾。此勢因全力所注。敵不易擋。故不必著勢。圖不附。

十、殺斧

此爲被人相追。至無可退步時應敵之法。先作一架格勢。（參看大刀法）然後橫過斧桿。用斧腦向前虛擊一下。此爲虛勢。不可用全力。只須略爲示意、連下轉過斧口。

向敵肩背亂砍。不論左右前後。須連砍三數斧。此時宜用全力。勢不易當。敵必略退我卽可乘勢變換別式取之。勢如下圖。

十一、鳳凰展翅

此卽乘上式之餘勢。變法取敵者。敵若因受我殺斧而略退。則我卽可進迫。只須略偏我身。一轉我手。作一盤頭。用鳳凰展翅勢攻之矣。此勢見第二圖說明。蓋反禦爲攻之法也。圖不附載。參看第二圖。

十

十二、枯樹盤根

此亦攻擊下三路之法。但與秋風掃葉等略異。依上勢起左盤頭。斧至肩平。卽轉斧口向左斜下方。用力斜砍。取敵之脛。與大刀中之下盤砍劈勢相同。兩手相距約二尺。下砍時須帶蓄勢。以便上提。否則斧若着地。非但易傷其口。而體必前傾。體傾則脚跟不穩。易受人算。宜注意。勢如下圖。

十三、燕家劈柴

此亦急迫應敵之勢。乘上法之餘勢。一時不及變換手法。而敵來攻。急收回在前之右手。將斧腦向右後方宕去。至與肩平。泛向前方。如鄉人持斧劈柴狀。向前方猛力劈下。但亦須略帶蓄勢。以便臨急時可轉向左右砍斫。身體亦不宜使傾。勢如獨劈華山相同。但須連砍數斧耳。圖不附載。

十四、野馬分鬃

此與大刀法之雙剪勢相同。惟每於剪後將斧腦向反方向着力一提作梟勢。（參看大刀法）乘上法下砍之勢。上提起左

盤頭。斧口至右下方時。向左橫截一斧。然後向外一提。從右泛向左下方。再向橫截一斧。向外一提。其勢參看斜砍橫截二勢。圖不附載。

十五、虎尾剪

乘斧頭向左外提之勢。即將斧當面起一花。同時將握柄之手。對掉其位置。然後用斧桿依第五勢之使法。攻取敵人。法詳見第五勢說明。圖同上。不再附載。

十六、三花蓋頂

此爲專攻人上盤頂門之勢。與大刀法中之切。長矛法中之蓋。互有相似之處。依虎

尾剪勢轉身起花左右各三匝。待末次之花至正面時。轉手向前砍下。砍至與自已膝平爲度。如敵用械來格。則下逼之。敵如閃避。則收斧變法。式如下圖。

十七、宕擋

此爲己械被敵擊開。趁勢作第二度之截

擊法。依上勢如斧被向右擊開。須轉手用斧腦向左宕去。此爲逆宕。若斧被敵擊向左方。則不必轉手。卽向右宕去。此爲順宕。順逆宕擋本無軒輊。亦因地置宜。隨手應用之法耳。勢如下圖。

十八、鷂子翻身

此爲從下上劈之勢與拖刀之法。大略相同。宜行於順宕搥之後順宕至右斜下方時、將斧腦略略點地。急轉身向左。作拖槍勢。（見長鎗法。）然後用力向左斜上方劈去。乘其餘勢。翻身復原位。斧平截去。可變橫江飛渡。轉手即攔腰搥勢如下圖。

十九、二郎担山

依上勢作一橫江飛渡或攔腰搥後。再連續作一莊家劈柴勢。急將斧口轉過。從左斜上方。向後擲去斧柄貼背成斜形。斧頭朝右下。斧口向後。然後移握斧之右手於下方。接住斧柄成提斧勢。式如下圖。

二十、鞭捶

由提斧勢起盤頭。如第一第二手卿接之勢。轉手作鞭捶。如第六勢。圖說參看上法。

二十一、虎尾剪

由鞭捶收轉。在右方作一花、乘勢向右略一宕、變虎尾剪勢、如第五第十五各勢圖說詳上、茲不復載。

二十二、獨劈華山

急收轉鞭捶。左右手易位、起大盤頭花、向前正方劈下、與第四勢完全相同。圖說詳上。

二十三、雷鉞劈木

此勢與鷂子翻身適成反比例、而與莊家劈柴勢亦有相似之處、先將斧宕向後方泛向左斜上方、略作盤頭。向右斜下方砍

去。圖見上。

二十四、橫江飛渡

此勢與第九勢相同。惟啣接處不用盤頭。依上勢提起斧腦向右旋去、在敵人頭上畫一半圓形。然後轉手攔截。圖說詳上。

二十五、冲捶

此爲提斧前擊之勢、與鎗之直刺法相似。因斧端無鋒、故曰冲捶。若在鉞、則亦稱之爲刺矣。依上勢將斧向後縮回。然後儘力向前冲出。攻取敵人中三路爲主。間亦可以攻取上盤、此則須用者之隨機應變耳。

一勢如下圖。

二十六、只手飛砣

此勢爲左右連劈之大花。依上勢收囘斧後。撤去左手、用右手握於離桿末約一尺之處。斧頭在下先向左後宕去作一大圈。轉勢向右下方劈一斧。乘勢將斧向右後方宕去作一圈。向左下方劈去。此勢亦名左右開弓。無莊家劈柴雷鉞劈木等法相似而略異。圖說見上。

二十七、鳳凰展翅

依上勢收囘。左手握斧末端。右手移前。順作一盤頭。變鳳凰展翅勢。圖說詳見上。

二十八、攔腰捶

依上勢急轉斧口向左。只手提斧。向右略作一宕。同時左手搶住斧柄、向左作攔腰捶。圖說詳見第八勢。

二十九、野馬分鬃

此與第十四勢相同。不過起手時須先左右各起一夾花、然後沉斧下剪。但第十四勢剪下盤。此則剪中盤。稍有不同。餘無異。圖說見上。

三十、老馬奔槽

此與第七勢相同。惟二勢啣接處手法略異。蓋上勢乘鞭捶之餘勢。須倒過斧頭。始可行此。今則乘分鬃之餘力。不必轉斧。徑須提斧作一盤頭。卽可前砍也。圖說見上。

三十一、殺斧

此勢與第十勢完全相同。上勢在橫江飛渡之後。猶有迴旋餘地。此則在分鬃奔槽兩急驟勢之後。匆迫異常。非急促時不輕用也。宜注意。圖說見上。

三十二、餓虎撲羊

此急進步取敵之勢。蓋敵經殺斧。必略退步。卽可乘勢進步。用斧砍之。連進連劈。如鎗法中之鳳凰三點頭相彷。先斧向左後宕出先劈。次斧向右宕出前劈。勢與獨劈華山相彷。惟連砍耳。圖見上。

三十三、老漁撒網

此與鷂子翻身略同。依上勢轉身向左。將斧往後撇去。純用斧腦攻取敵人中路。勢如下圖。

三十四、獅子大張口

此爲架格之勢。兩手握斧上托。斧口向前。起手時先使盤頭。及至前面用力上托。如拳術中之兩手托天勢。故亦名手托泰山。勢如下圖

三十五、三花蓋頂

乘斧上之勢。將口向外略旋轉。作半圓形。然後從左落下。向後起花。連續作三花蓋頂勢。圖說詳見第十六勢。

三十六、二郎担山

依前勢起雙夾花。斧宕至左後方時。向後斜下。緊貼背部。如第十九勢。圖說見上。

十八般武藝全書之九

鉞法

鉞之異點

鉞爲斧之由來。以時代論則爲同時。以形式論亦正彷彿。書曰王左杖爲鉞。註鉞大斧也。按此可見斧鉞本無甚巨大之分。當惟鉞與斧。如完全相同。何不徑名之曰大斧。而必名之爲鉞。此顯見其相似而不能相混也。鉞頭較斧大三之一。桿端比斧多一矛頭。長約一尺六寸。故鉞桿長於斧桿者亦尺六七寸。斧桿末端無鐨。故三十六法中無點逗各法也。鉞則亦如鎗桿。末端有三尖之鐨。以備匆忙時作點格之用。至其餘之構造。則完全與斧相同。重量亦彷彿。斧之與鉞。亦猶鎗之與矛。箭之與弩。形式之不同者。僅毫釐間耳。至其功能。亦不甚判別。故能得三十六法之精髓者。鉞斧可並用也。

鉞法與斧法之不同

鉞無專法。斧之三十六法。亦可行之於鉞。惟鉞有矛有鑽。不若斧之專以砍斫擊捶為能事。而不講刺撥點逗也。斧以柄端無矛頭。雖欲刺撥而無從刺撥。惟冲捶一路。略近於刺。柄末無鑽子。雖欲點逗而無從點逗。惟鞭捶一路。略近於逗。鉞有矛頭有鑽子。故掄舞之法。雖與斧同。而三十六法之外。又增刺、撥、點、逗四法。若不然。矛與鑽為虛設。虛設而無實用。不如用斧之為便。至此四法。則完全脫胎於長鎗法蛇矛法中。惟不虛掩不布花。是則又與鎗矛稍有出入。總之。鉞法即合斧法鎗矛法三種而一之。融會變通。合錦而成。學者但能以上各法。習鉞法易如反掌。故將其法附於斧法之後。以便連續學習。茲將增加之刺撥點逗四法之動作。及用於何勢之後。分述於下。

一、刺法　槍法中之刺。分直刺斜刺等勢。此則但有直刺。因鉞重於鎗。隻手不易運力於矛尖。斜刺側刺。都用雙手。故不行之於鉞。直刺卽雙手捧鉞。運力矛尖。攻人中上二盤起手時宜乘平舉之勢。略收其鉞。猛向前刺。或另起一尖花。乘其餘勢力猛刺出。以亂敵人之目光。此法宜用於三花蓋頂莊家劈柴野馬分鬃之後。鞭捶收勢之後亦可略換手法。用刺攻敵也。

二、撥法 鎗法中之撥草尋蛇。是連進步連撥鎗。行之於布花之後。蓋鎗中每鎗必有一花也。鉞純係鐵製。花既布不開。宕又嫌遲鈍。故宜直刺法先向前一探。略蓄收少許。敵左則左撥之。敵右則右撥之。敵在正中。則左右撥之。此法宜用之於隻手飛砣鳳凰展翅枯樹盤根之後。

三、點法 鎗中之點。純用鎗尖。惟殺手鎗是拖篙勢。因鐨子點下。鉞法之點。純用鐨子。分平點、斜點二勢。平點則收勢鉞橫胸際時行之。右肘緊貼鉞柄。向右點出。斜點則矛頭在右上方。鐨子在左斜下方。用金雞獨立勢向後點去。與拖篙勢同。（參看槍法中之氣貫三台勢）此法宜用之於漁人撒網殺斧雷鉞劈木等勢之後。

四、逗法　此法與點略同。惟點則全力注或下注。此則略帶蓄勢。如槍法中之鳳凰三點頭相似左右斜下。俱可行之。先用鑽子向目的地之旁側一探。使敵人分心注此。卽收回變換手法。向目的地點去使人不及防備。與劍法中之白蛇吐信相類此法宜用於鞭捶攔腰捶虎尾剪等勢之後。

十八般武藝全書之十

戟　法

戟之由來

戟爲古兵器之一。創於弓箭之後。形與戈略同。皆橫刃也。舊說爲直刃。不知何本。其所異於戈者。援略昂起。成斜出形。而內上亦有刃。古顯貴之家。皆立戟於門。以示官勳。是則又以兵器而兼爲儀仗矣。其後又略變形式。援與柲之間。架以橫梁。而援成反裝之新月。形變橫刃之內而爲直刃之鎗尖。且有架橫梁於柲上。兩面各作一倒裝之半月形者。名之曰方天畫戟。橫梁之下。又裝以鐵製古錢或古錠。不知其何用。豈後人矜奇眩異。卽兵器亦加以裝飾耶。惟今日武器中所見之戟。皆用方天畫戟之式。或單刃或雙刃不一。至古戟則非但不可見。卽圖其形以示武師。或且瞠目而不能稱其名。於是而嘆古器之失傳。古法之不可多得也。至戟之變體。不知始於何時。而後人竟棄古器而就此。諒有合用之處。然亦儘可另立名目。何必定借戟以爲名。若二器相類、猶有可說。今二物迥乎不同。絕無相似之處。沿習用之。未免不合。著者非必求奇異。實不能隨俗。亦未敢苟同也。故崇古戟法。依次錄之。縱人非我所弗計也。世之精嫺武事者、或不至盲從耳。

戟之構造

戟形與戈略同。以硬木爲柄。名曰柲。之長約一丈二尺。柲端有刃。橫出向前上方者。名曰援。與援相同而其刃下垂。互附於柲者、名曰胡。胡之背面有刃後出者。名曰內與末後有孔三。內末後有孔一、蓋爲附柲之用、其他兵器。或全體以金屬鑄成、卽用木柄如鎗之類。亦有吞口。以便裝柄。惟戟則不然。胡與內之有孔。卽所用以縛附於柲者也。其法置柲於胡內之間。用絃索或牛筋。從孔中穿出。將柲先扣住其端。然後上下層疊縛之。務使援胡內。與柲如生成一氣，不至動搖。援前出者如劍頭，尖而銳。上下皆有刃胡止向外之一刃。內似援而略短。亦係雙刃。尖亦如劍頭。但向後平出。不似援之向斜上方也。驟視之。略如船家所之竹篙。至以後所盛行之方天戟等。則完全將鎗尖之末端。橫架二梁。兩旁各加一反半月形之刃耳。今之武器中亦每見之。正不必予之絮絮繁述也。古戟圖見後。

戟之使用法

戟爲長兵之一。其用法與鎗矛刀斧爲不同。惟以其構造之特殊。主力點之不同。故用法亦隨之而異。惟過門啣接等處。跳不出盤頭夾花諸法耳。戟之主力在於援。故有冲劄、回斫、橫刺、下劈刺、斜勒等法。其次重胡。故有橫砍、截劃等法。再次重內。故有反剔、平鈎、釘壁、翻刺、等法。末則重柲。有肘逼擊、挑擊、直劈等。總之練習器械者。須先識其主力之所在。更深究其主力點。宜以何法使用。然後循序漸進。始能應心得手。否則若盲然操戈。隨意指擊。一旦對敵。鮮有不驚遑慌亂。無所措手者。此爲習武者之大忌。卽如戟法。一勢自有一勢之主力。一勢自有一勢之妙用。而熟能生巧。變化無窮。互相發明。互相利用。雖寥寥數勢。轉輾相生。何止千百。實非專以花拳繡腿。眩人耳目者所能及其萬一。我願學者皆能精研深究。推闡而發明之。庶古代武術。流傳萬古。不至爲朽木腐草之忽忽湮滅也。

畫戟十四法之次序

畫戟爲古法。亦極簡單。惟以其刃太多。故使用時宜先進主力。前已論之矣。主力既定。用援用內。無適不可。其間斜勒平鉤。今之鉤連鎗法。實脫胎於此。就此而論。故與世俗所傳之畫戟法。其大相懸殊也可知。其法止十有四勢。似簡而實繁。生剋變化。極盡神妙。無一勢虛設。無一勢贅累。熟習之自有得手應心之妙。惟古法失傳已久。世人卽能知俗傳之非真。欲免其真傳。亦無從探索。徂令人徒呼負負而已。茲編爲華山姚氏家藏舊本。與先天羅漢拳十八勢。同出一家。姚氏式微。轉輾而入武術家蔣觀園氏之手。并就其圖勢。詳加詮註。凡過門啣接之處。無不本其習武之經驗。繹釋其要義之所在。使後之學者。可以瞭如指掌。不勞重費推求。苦心孤詣。慘淡經營。其留心國技。裨益後進之厚意。良足多也。王子春。向蔣氏借錄先天羅漢拳十八手時。並附抄及此。屢欲付之棗梨。以公同好。惟苦乏機緣。今由友輩之慫恿。囑編是書。乃略加編次而錄之。其法共十四。錄其次序如下。（一）橫刺　（二）斜勒　（三）肘逼擊　（四）反劚　（五）冲劙　（六）釘壁　（七）平鈎　（八）直劈　（九）翻刺　（十）截勒　（十一）挑擊　（十二）橫砍　（十三）迴斫　（十四）冲刺